AF318628

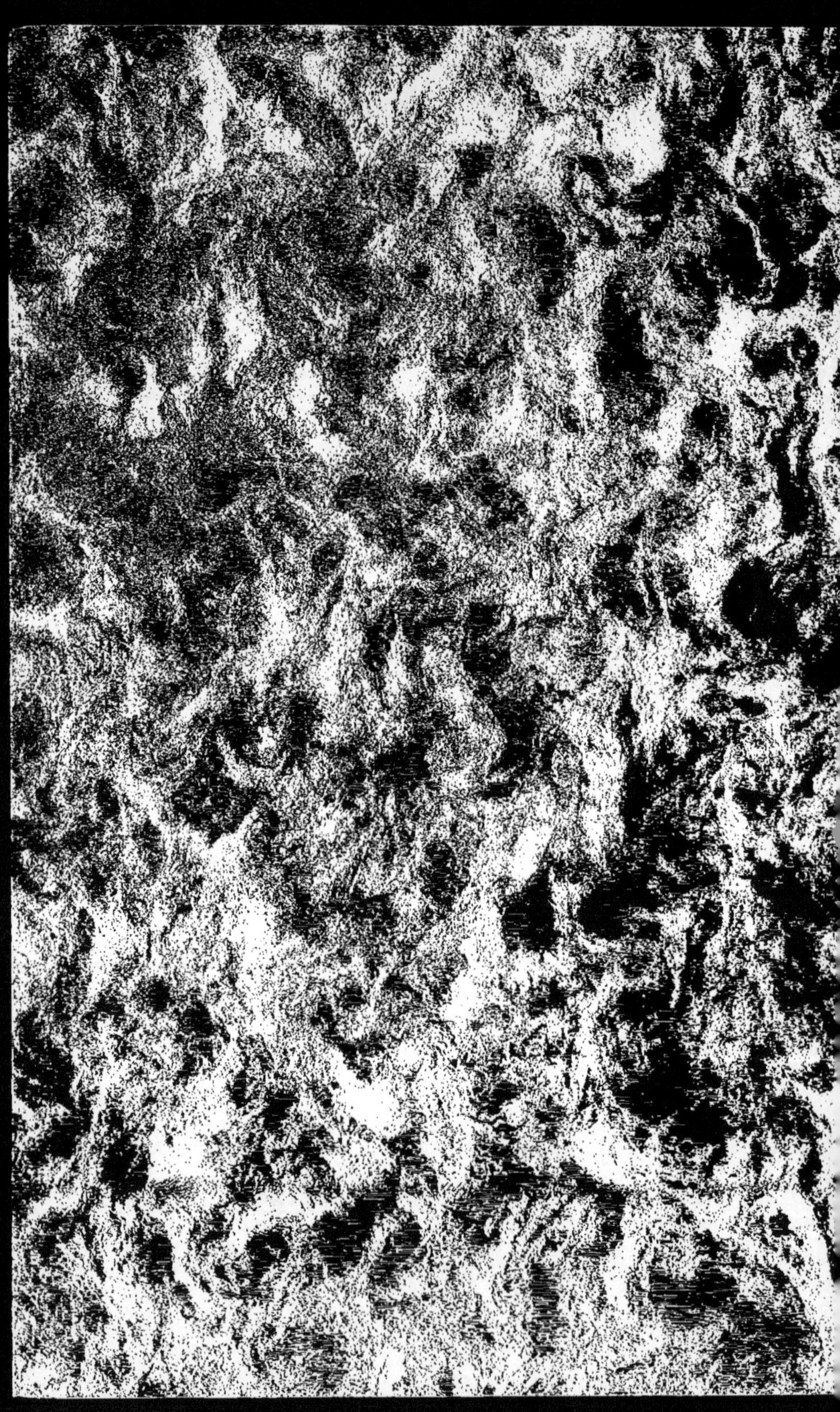

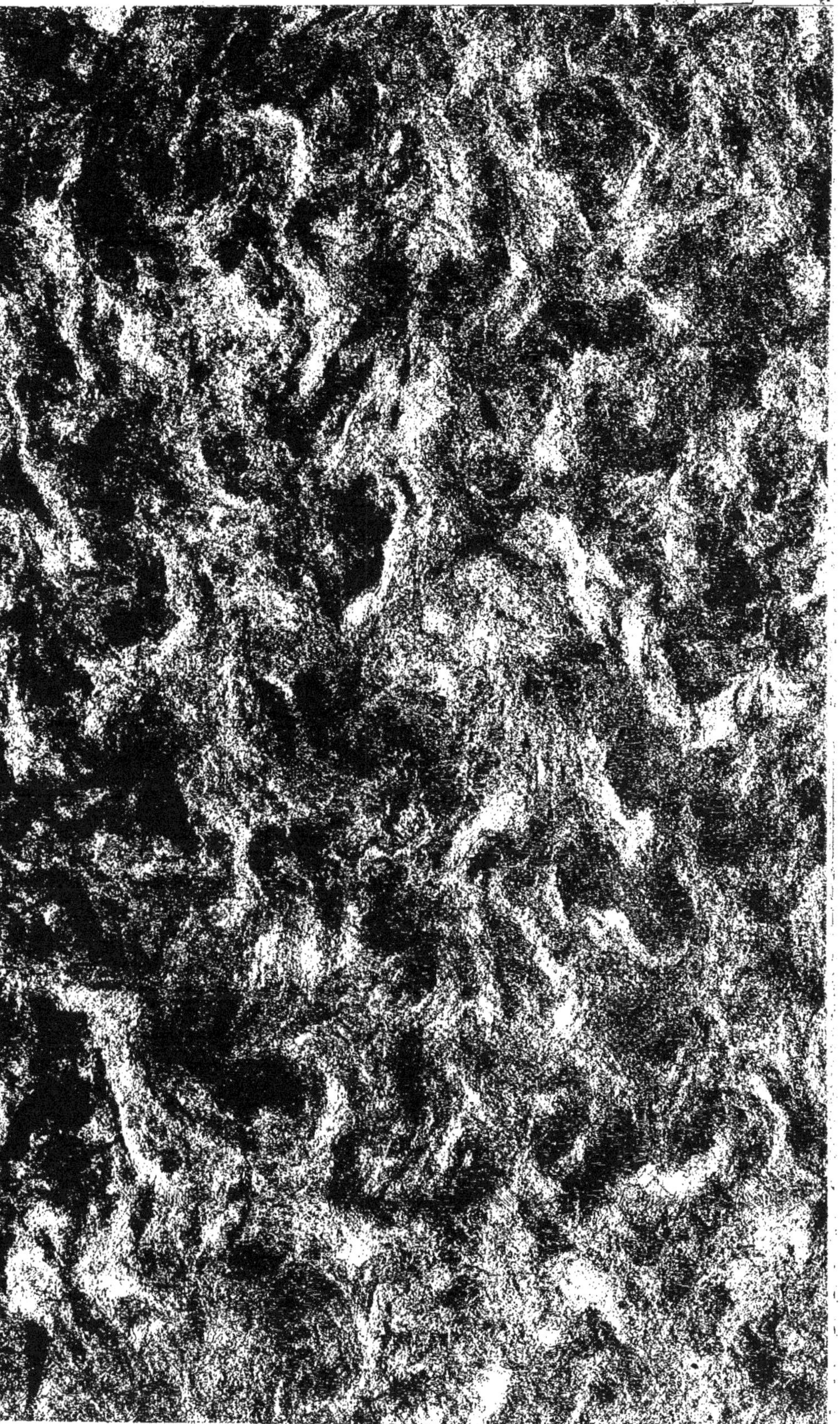

TRAITÉ

DE

LA GRAVURE

A L'EAU-FORTE

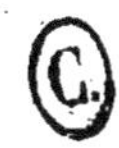

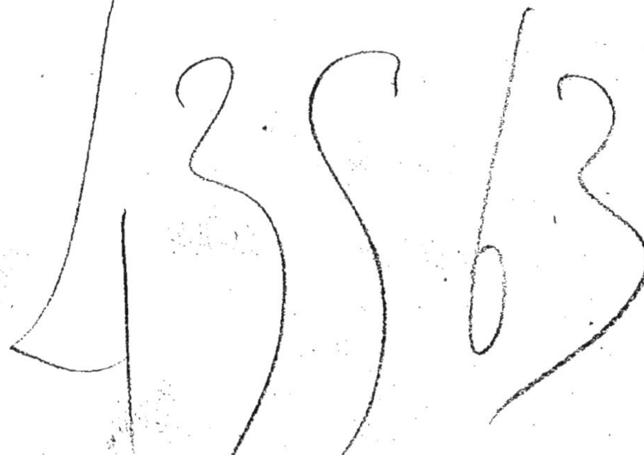

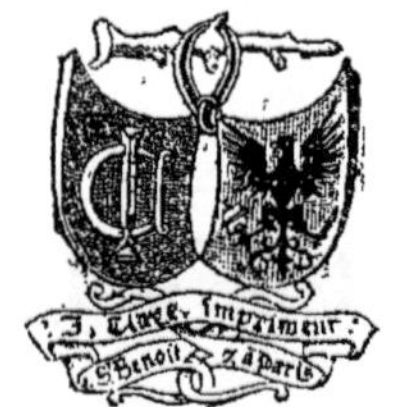
J. Claye, Imprimeur
St Benoît, 7 à Paris

TRAITÉ

DE

LA GRAVURE

À L'EAU-FORTE

TEXTE ET PLANCHES

PAR MAXIME LALANNE

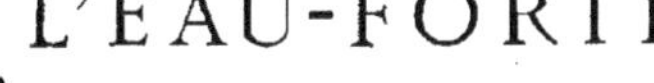

PARIS

CADART ET LUQUET, ÉDITEURS

GÉRANTS DE LA SOCIÉTÉ DES AQUA-FORTISTES

79, RUE RICHELIEU, 79

M DCCC LXVI

1866

Mon cher monsieur Lalanne,

Si quelqu'un peut écrire aujourd'hui sur la gravure à l'eau-forte, c'est vous, certainement, vous qui possédez tous les secrets de cet art, vous qui en savez toutes les finesses, toutes les ressources et tous les effets. Cependant, lorsque j'ai appris que vous composiez un livre sur cette matière, j'ai pensé que vous tentiez l'impossible, parce que le sujet avait été épuisé, il y a deux siècles, par Abraham Bosse, et que vous étiez condamné à redire tout ce qu'avait dit cet excellent homme, dans le traité où il enseigne si naïvement l'art de *graver en perfection*.

Mais la lecture de votre manuscrit, je dois le dire, m'a bien vite détrompé. J'y ai vu quantité de choses utiles et intéressantes qui n'étaient dites nulle part, et j'ai compris qu'Abraham Bosse avait écrit pour ceux qui savent, tandis que vous écrivez pour ceux qui ne savent point.

J'étais fort jeune et tout récemment sorti du collége, quand le hasard fit tomber en mes mains le *Traité des manières de graver en taille douce*

a

sur l'airin par le moyen des eaux fortes et des vernix durs et mols. Peut-être n'aurais-je fait aucune attention à ce livre, si je n'avais déjà remarqué, aux étalages du quai Voltaire, quelques eaux-fortes de Rembrandt qui m'avaient ouvert tout un monde nouveau de poésie et de rêveries. Ces estampes avaient tellement intrigué mon admiration que je voulus savoir, en lisant le traité de Bosse, comment le peintre hollandais était parvenu à produire ses effets si étranges et si imprévus, ses tons mystérieux, et le fantastique de sa lumière et le silence de ses ombres. Les eaux-fortes de Rembrandt d'une part, de l'autre le livre d'Abraham Bosse, furent cause que je résolus d'apprendre la gravure et que j'entrai dans l'atelier de Calamatta et de Mercuri.

Ces graves et illustres maîtres, dès que je sus tenir le burin et la pointe, me mirent tout d'abord en présence d'une figure allégorique gravée par Édelinck, et dont la draperie était labourée de tailles ondoyantes et enveloppantes, d'une correction, d'une pureté incomparable. Il fallait commencer, pour se faire la main, par copier sur ma planche ces tailles solennellement classiques et majestueusement alignées. Mais pendant que je coupais le cuivre avec une impatience contenue, mes regards se portaient en cachette sur un célèbre portrait de Rembrandt, le *Janus Lutma,* dont je possédais une belle épreuve et que je méditais de copier.

Toutefois, débuter par une eau-forte de Rembrandt, dans cette école sévère où il ne nous était permis d'admirer encore que les Marc Antoine, les Ghisi, les Audran, les Nanteuil, c'eût été commettre une hérésie punissable. Aussi, pour risquer cette infraction à la discipline, j'eus soin de bien cacher mon projet. J'achetai secrètement du vernis, de la cire, une planche de cuivre, et je profitai de l'absence de mes maîtres pour faire, d'une main fiévreuse, une imitation du *Janus Lutma*. J'avais suivi les prescriptions d'Abraham Bosse pour le vernis, et je donnai l'eau-forte avec l'aide d'un camarade, Charles Nordlinger (aujourd'hui graveur du roi de Wurtemberg, à Stuttgard), qui s'était fait mon complice pour cette belle expédition.

Comme vous le pensez bien, mon cher Monsieur Lalanne, il m'arriva toute sorte d'accidents, tous ceux qui peuvent arriver à un novice, tous ceux que vous décrivez avec tant de soin, et dont vous indiquez le remède avec tant d'habileté, d'expérience et de précision. Le vernis creva en quelques endroits : heureusement c'était dans les noirs. Mon quai de cire avait été construit à la hâte, et j'ignorais alors, bien que Bosse l'ait écrit, que la règle est de passer, tout le long des fondations du rempart, une clef très-chaude qui, faisant fondre la cire, rend toute fuite impossible. L'acide s'infiltra donc sous la cire ; je voulus arrêter ce drainage, et je me brûlai les doigts. Ensuite, comme il fallait creuser les ombres du portrait de Lutma, qui sont si profondes et si tranquilles, je fus effrayé de l'ébullition verdâtre, puis blanchâtre, produite par le prolongement de ma morsure, et je me hâtai alors de vider l'eau-forte dans un baquet, non sans qu'il en rejaillît quelques gouttes à distance sur une épreuve du *Vœu de Louis XIII*, qui avait été égratignée à l'impression et que nous étions en train de réparer. Enfin, j'enlevai le vernis, et, tout tremblant, j'allai faire tirer une épreuve de ma planche, mais chez un autre imprimeur que celui de la maison Calamatta.

Quel fut mon désappointement! Je croyais ma gravure suffisamment mordue et même trop, et cependant, je m'étais arrêté à mi-chemin. Le ton du cuivre m'avait trompé : j'avais vu mon portrait sur le beau fond rouge du métal, et je le voyais maintenant sur le blanc cru du papier ; je ne le reconnaissais plus. Il y manquait justement, dans les ombres, la profondeur, le mystère, l'harmonie : la planche n'était que brutalement sabrée de tailles croisées en tout sens, et dont le réseau laissait transparaître le fond, que Rembrandt avait endormi pour mieux faire briller la fenêtre aux châssis de plomb, et les clairs du front et de la joue sur la tête pensive de Janus Lutma. Par bonheur, dans le haut de l'estampe, toute la partie claire était assez bien venue ; l'expression de la physionomie était satisfaisante, et les deux petites têtes de monstres qui surmontent le dossier de fauteuil, étaient parfaitement imitées dans leur grimace. Il fallut assourdir les ombres avec une *roulette*, et rentrer au burin les plis les plus marqués de la houppelande, car d'essayer une seconde morsure, je n'en étais pas capable. Bosse a dit là-dessus quelques mots qui, n'étant pas clairs, sont de nature à induire en erreur le débutant. Il parle justement de vernis noirci, et c'est de vernis blanc qu'il faut se servir pour les retouches, comme vous l'avez expliqué avec une clarté admirable. J'achevai donc ma planche à force de rentrées, de contre-tailles et de points, et finalement j'obtins une copie passable, qui jouait d'un peu loin l'effet de l'original, bien que ce ne fût en somme, pour un œil exercé, qu'une contrefaçon assez grossière. Il va sans dire que nous fîmes disparaître toutes les pièces de conviction, et que, les maîtres une fois de retour, je me remis avec une componc-tion hypocrite aux tailles, que j'appelais *militaires,* de Gérard Édelinck. Mais nous fûmes trahis bientôt par quelques mots imprudents de la chambrière, et M. Calamatta ayant découvert le pot au rose, nous tança vertement, Charles Nordlinger et moi, pour cette escapade roman-tique. Si ma planche eût été plus mauvaise..... Dieu sait ce qui serait advenu!

Tout ceci, mon cher Monsieur Lalanne, est pour vous dire combien j'ai apprécié les excel-lents conseils que vous donnez au jeune gra-veur, à l'*aqua-fortiste* (comme l'on dit aujour-d'hui, par un néologisme qui n'est guère moins barbare que le mot *artistique*). En me souve-nant des essais de ma jeunesse, de mon ardeur à me tromper, de mon empressement à faire les fautes que vous signalez, j'ai compris ue votre livre était d'une nécessité absolue; que tel artiste ou tel amateur qui, dans le fond de sa province, voudrait se donner l'agréable passe-temps de la gravure à l'eau-forte, n'aurait qu'à suivre pas à pas l'ordre intelligent et méthodique de vos préceptes, pour mener à bien la planche la plus compliquée, soit qu'il voulût employer le vernis mou, comme Decamps, Masson et Marvy, soit qu'il s'en tînt aux procédés ordinaires, que vous faites toucher au doigt avec une clarté, une intimité de détails et une sureté de goût qu'on ne saurait trop louer. Je conviens, après vous avoir lu, que non-seulement vous avez dépassé votre digne prédécesseur, Abraham Bosse, mais que vous avez rendu son livre inutile, en rendant le vôtre indispensable. Ah! si les dilettantes qui s'ennuient, si les artistes qui aiment à fixer une impression fugitive, si les riches qui sont blasés sur les plaisirs de la photographie, savaient combien est piquant l'intérêt de l'eau-forte, votre petit ouvrage aurait un succès fou. Il n'est pas jusqu'aux femmes élégantes et lettrées qui, fatiguées de leur désœuvrement et de leurs chiffons, ne puissent trouver un délassement plein d'attraits dans l'art de dessiner sur le vernis et d'y faire mordre avec esprit leurs fantaisies d'un jour. L'eau-forte a été une ressource précieuse pour Madame de Pompadour, lorsque, régnante encore, mais ne gouvernant plus, elle forma cette colossale entreprise : amuser le roi et se distraire elle-même. Vous connaissez les soixante-trois pièces exécutées par ce joli graveur : (remarquez que je ne dis point *graveuse!*) ses estampes d'après Eisen et Boucher sont exquises. Le frémissement de la vie, le gras des chairs, y sont rendus par des tailles délicatement tremblées, et je crois vraiment que Madame de Pompadour n'eût pas mieux fait lors même qu'elle eût été votre élève.

Aujourd'hui, du reste, la gravure à l'eau-forte redevient à la mode, comme pour remplacer la lithographie, cet art qui fut si charmant et si fort, sous le crayon de Charlet, de Géricault, de Gigoux et de Gavarni. La Société des Aqua-fortistes a été le fruit de cette renaissance. L'art qu'a illustré de nos jours l'inimitable Jacque, a maintenant des adeptes dans tous les pays et dans les conditions les plus diverses. Il nous arrive des eaux-fortes de tous les points de l'horizon : de La Haye nous viennent celles de M. Cornet, conservateur du musée; de Pologne, celles qui composent l'album si curieux de M. Bronislas Zaleski, la *Vie des steppes kirghizes;* de Londres, celles de M. Seymour Haden, qui sont si originales et si vibrantes, et dont le catalogue a été si spirituellement mordu par notre ami Burty; de Lisbonne, celles du roi Dom Fernando de Portugal, qui grave comme Grandville dessinait, mais avec plus de souplesse et de liberté. Cependant, c'est encore à Paris, surtout dans la *Gazette des Beaux-Arts,* et dans la publication des Aqua-fortistes, que paraissent les meilleures eaux-fortes. S'agit-il d'assujettir ce procédé capricieux à la traduction des maîtres anciens ou modernes? Hédouin, Flameng, Bracquemont, y font merveille. Vous me disiez vous-même que Flameng, dans mon *Œuvre de Rembrandt,* avait imité ce grand homme de façon à le tromper lui-même s'il revenait au monde. Quant à Jules Jacquemart, c'est un artiste unique en son genre; il fait dire à l'eau-forte ce que jamais elle n'a su dire. Il exprime, du bout de sa pointe, la densité du porphyre, le froid de la porcelaine, la surface caressante des laques de Chine, la transparente et impondérable finesse des verres de Venise, les reliefs et les creux de l'orfévrerie la plus délicate, la plus menue, en ses fouillis imperceptibles, le poli du fer et de l'acier, les luisants, les reflets et jusqu'à la sonorité du bronze, le ton de l'argent et celui de l'or, et tous les feux du diamant, et toutes les nuances saisissables de l'émeraude, de la turquoise et du rubis. Je ne parle pas de vous, mon cher Monsieur, ni de vos eaux-fortes où vous mariez si bien le style de Claude et la grâce de Karel Dujardin : vous prêchez d'exemple, et quand on ne verrait que les huit planches dont vous avez illustré vos leçons excellentes, on reconnaîtrait en vous, non-seulement un professeur, mais un maître. N'ayez donc ni hésitation, ni crainte : lancez avec confiance votre petit livre; il vient à propos pour régénérer l'eau-forte et pour en diriger la renaissance. Il aura donc, je vous le prédis, le succès de la vogue et le succès de la durée.

CHARLES BLANC.

INTRODUCTION

L'extension donnée à l'art de la gravure à
l'eau-forte, depuis la naissance de la *Société des
Aqua-fortistes,* a amené bien des artistes et des
amateurs, désireux de s'y distinguer, à s'enquérir
des divers procédés qui s'y rattachent. Peu de
traités ont été écrits sur la pratique de cet art,
dégagé de tout lien avec les autres genres de gravure. Celui d'Abraham Bosse (1), est plus spécial
à l'eau-forte dans son rapport avec le burin ; cet
ouvrage renferme en outre des formules sur la
manière de combiner soi-même les substances

(1) *De la gravure en taille-douce, à l'eau-forte et au burin, ensemble la manière d'en imprimer les planches et d'en construire la
presse,* par Abraham Bosse. Paris, 1645.

*Traité des manières de graver en taille-douce sur l'airain par le
moyen des eaux-fortes et des vernis durs et mols,* par le s. Abraham
Bosse, augmenté de la nouvelle manière dont se sert M. Leclerc,
graveur du Roy. Paris, M.DCC.I.

propres au vernissage et à la morsure ; aujour-
d'hui les chimistes nous les donnent préparées.

L'eau-forte était alors une composition spéciale
que remplace l'acide azotique, communément
appelé acide nitrique ; on ne faisait mordre qu'à
la coulée ; on employait le vernis dur et le vernis
mou. De nos jours on ne se sert plus du premier ;
le deuxième constitue le vernis ordinaire moderne, et l'application du vernis mou actuel n'était
pas connue.

De plus, il est probable que Bosse, quoique
contemporain de Rembrandt, n'a pas eu connaissance, lors de la publication de son livre, des
résultats obtenus à l'eau-forte par ce grand maître
dont il ne parle pas, et à l'expérience duquel il
aurait pu emprunter une plus ample connaissance
des procédés matériels.

Sous Louis XV, Cochin, inventeur du vernis
ordinaire actuel, a continué le traité de Bosse.

Il existe des traités modernes très-bien faits,
mais qui ne contiennent que les rudiments de la
matière ; jusqu'ici, l'expérience seule de quelques
artistes a fait le reste. Dans une bonne entente
de confraternité, ils ne se sont pas refusés à faire
profiter les autres de ce qu'ils savaient eux-
mêmes ; ils ont compris qu'il était de l'intérêt de
tous de propager les connaissances de cet art,
et de mettre ainsi en lumière, auprès d'un plus
grand nombre d'amateurs habitués aux splendeurs

de la gravure ancienne, les véritables ressources et l'importance de l'eau-forte contemporaine, représentée par des noms dont le nombre est restreint, il est vrai, mais qui seront illustres à leur tour.

Les tendances de l'art moderne semblent favoriser l'essor plus complet d'un genre qui se prête spécialement au pittoresque et qui s'accommodait peu du caractère de l'art au commencement de ce siècle. L'expansion plus féconde de notre génération comblera certainement la longue lacune qui en est résultée dans l'histoire des peintres-graveurs.

L'impulsion a été donnée et suivie; on devra à MM. Cadart et Luquet d'en avoir pris l'initiative en prêtant aux artistes un appui matériel, et en donnant à leurs efforts isolés la forme d'une institution; ils secondent avec une intelligente énergie cette manifestation naissante. Encouragés par les plus flatteuses sympathies, ils travaillent à la régénération de l'eau-forte avec foi et persévérance, mais non sans avoir eu à lutter contre bien des difficultés. Les travaux de la *Société des Aqua-fortistes* donnent de jour en jour satisfaction aux plus exigeants. Le mouvement se communique et se répand peu à peu parmi les plus grands peintres. Deux artistes-souverains, le roi dom Fernando de Portugal et le roi de Suède, ont bien voulu s'y associer Une princesse qui, par sa participation personnelle, contribue à soutenir chez nous l'honneur des arts, la princesse Mathilde, s'intéresse également à cette rénovation, dont l'idée se développe et se généralise. Puissé-je y contribuer moi-même pour une faible part, en me permettant de transmettre à d'autres les notions pratiques que j'ai acquises par l'expérience ou que j'ai recueillies dans les précieuses communications des artistes dont j'ai parlé.

TRAITÉ

DE LA

GRAVURE A L'EAU-FORTE

CHAPITRE I.

DÉFINITION
ET CARACTÈRE DE LA GRAVURE A L'EAU-FORTE.

La gravure à l'eau-forte est un dessin fixé sur le métal par la morsure d'un acide. Elle consiste, d'abord, à dessiner à la *pointe* sur une planche de métal parfaitement polie et recouverte d'une couche de vernis noircie à la fumée, et une fois le dessin tracé, à soumettre la planche à l'action de l'*acide nitrique* ou eau-forte. L'acide, qui n'a pas prise sur les corps gras et dont la propriété est de ronger le métal, creuse les parties mises à nu par la pointe ; on obtient ainsi une *morsure*. On enlève le vernis à l'aide d'essence de térébenthine, et l'on voit son dessin gravé ; mais comme le ton du cuivre est trompeur, on ne s'en rend un compte exact qu'après avoir fait tirer une *épreuve*.

Familiarisé, après quelques essais, avec l'aspect du trait clair sur le vernis noirci, l'aspirant aqua-fortiste abordera sans hésitation et avec confiance la surface de la planche, et, sans se préoccuper de l'uniformité qui régnera dans le travail de la pointe, il s'habituera peu à peu à prévoir la conversion, à la morsure, du trait en une taille plus ou moins profonde, et la traduction de celle-ci sur l'épreuve par le noir d'impression.

Il devra dès lors arrêter dans son esprit l'intention qu'il veut réaliser sur le métal, parce que le travail de la pointe doit être en harmonie avec le caractère du sujet, et que la combinaison de ce travail avec la morsure en détermine l'effet.

Ces rapports directs à établir entre la pointe qui *dessine* et la morsure qui *colore* constituent toute la science du graveur à l'eau-forte.

La pointe doit pouvoir courir facilement sur le vernis et permettre ainsi à la main de se diriger avec le laisser aller nécessaire à une grande franchise d'exécution. En se servant d'une pointe modérément aigue, on aura sur l'épreuve un travail plein et nourri dans les finesses comme dans les vigueurs. Ce sera le moyen d'être simple. On ne devra pas sortir de ce caractère dans les œuvres qui exigeront une exécution minutieuse; la pointe sera plus fine, les travaux seront réduits à des proportions plus délicates, mais ils conserveront entre eux un espacement proportionnel, peut-être même plus grand, pour que la morsure ne vienne pas plus tard les brouiller, en rongeant les insterstices du métal qui sépare les sillons. Ce sont là des conditions de fraîcheur et de netteté dans les petits comme dans les grands ouvrages.

On sait que le graveur au burin produit sur le cuivre nu ou l'acier des tailles croisées, mesurées et régulières ; par le caractère même de son importance, la gravure au burin offre toujours la sévérité et la froideur d'un travail positif et presque mathématique : pour l'eau-forte, il n'en est pas ainsi : que la pointe soit libre et capricieuse, qu'elle accuse sans roideur et sans sécheresse la forme des objets et se joue délicatement d'un plan à un autre, sans suivre d'autre loi que celle d'une pittoresque harmonie à faire régner dans l'exécution. On la rend précise quand il le faut, pour l'abandonner ensuite à sa grâce naturelle. On évitera néanmoins des emportements trop fougueux, qui donneraient l'air d'un dévergondage à ce qui ne doit être qu'une fantaisie.

On cherchera un mode d'exécution analogue à la nature des objets ; ceci est essentiel du moment qu'on n'a à sa disposition qu'une pointe dont le jeu est constamment égal sur le vernis ; il faut donc varier ses allures pour lui faire exprimer la diversité des substances. Quand on examine les eaux-fortes des maîtres anciens, on voit qu'ils avaient un faire particulier pour les feuillés, les terrains, les rochers, l'architecture, l'eau, le ciel, etc., sans cependant s'être jamais astreints à une tradition trop rigoureuse.

Lorsque l'esquisse de la pensée aura été confiée au vernis, l'acide viendra nuancer les formes que la pointe lui aura assignées, donner une vibration à ce travail éteint et lui communiquer la chaleur pénétrante de la vie. En principe, la morsure simple doit suffire, mais si l'artiste veut arriver à un résultat plus varié, par une succession de morsures partielles, en couvrant de vernis, chaque fois qu'il retirera la planche du bain, les parties suffisamment mordues, les plans se détacheront les uns des autres ; le sentiment imposera au liquide les divers rôles qu'il devra remplir : discret et prudent, il donnera aux valeurs tendres la finesse ; réglé dans sa subtile fonction, il observera avec ménagement les tons relatifs de chaque plan ; moins retenu et plus incisif, il fouillera les parties accentuées et y imprimera la force.

Si l'harmonie n'a pas été entièrement obtenue, la *pointe sèche,* effleurant sur le métal à nu les valeurs incomplétement rendues ou trop durement exprimées, les enveloppera dans une teinte fine et sera, comme l'a dit très-bien Charles Blanc, le *glacis* de la gravure.

Suivre son sentiment, combiner ses modes d'expression, établir des points de comparaison et adopter parmi les moyens pratiques, dépendants de l'effet et dont l'effet dépend, celui qui le traduit le mieux, telle doit être la marche à suivre pour l'aqua-fortiste. Il y a bien des choses instinctives que la pratique développera en lui; il y trouvera un charme croissant : que d'heureux effets, que de surprises, que d'imprévu au dévernissage d'une planche! Un peu de bonheur et d'inspiration font souvent plus que la règle méthodique, surtout lorsqu'on traite des sujets de son invention, des caprices, comme disent les Italiens, *capricci*. Le beau idéal est d'arriver du premier coup à la réalisation de son œuvre telle que la pensée l'a entrevue. L'eau-forte doit être vierge comme une improvisation.

Une fois maître des procédés, le dessinateur ou le peintre n'aura qu'à apporter sa propre individualité dans un genre qui ne lui sera plus étranger, pour y retrouver l'expression du talent qu'il aura déployé dans une autre branche de l'art. Il comprendra que l'eau-forte a cela d'essentiellement vital, c'est là la force de son passé et la garantie de son avenir, que, plus que tout autre genre de gravure sur le métal, elle porte l'empreinte du caractère de l'artiste. Elle le personnifie et le représente si bien, elle s'identifie tellement avec son idée, qu'elle semble souvent amenée à s'annihiler comme procédé en faveur de cette idée même. Rembrandt en a donné une

preuve frappante : par le mélange et la diversité
de ses travaux, il arrivait à une suavité d'expression
qu'on peut dire magique ; il répandait dans son
œuvre du charme et de la profondeur ; dans certaines de ses planches, les procédés, se prêtant
aux exigences les plus rigoureuses du modelé, et
atteignant les limites les plus extrêmes de la délicatesse, deviennent insaisissables à l'œil, pour en
laisser la plus complète jouissance à l'esprit seul.
Claude Lorrain de son côté a su concilier la
liberté de l'exécution avec la majesté du style.

Cette subordination du procédé au sentiment
m'amène à constater, d'après le caractère de
leurs œuvres, combien de maîtres de nos jours
auraient ajouté à leur mérite s'ils avaient rem-
placé le crayon par la pointe ; Decamps, qui l'a
peu maniée, n'était-il pas graveur dans ses dessins
et ses lithographies ? Ingres n'a gravé qu'une eau-
forte, et, par la seule vertu de son grand savoir,
il semble qu'il y ait pressenti tous les secrets du
métier. Gigoux n'a-t-il pas deviné la morsure
quand il a illustré, en manière d'eau-forte, ce *Gil
Blas,* qui, après vingt ans de productions innom-
brables dans ce genre, reste toujours le chef-
d'œuvre et le modèle de la gravure sur bois ?
Mouilleron serait-il inférieur s'il quittait la pierre
pour le cuivre ? Je pourrais puiser de nombreux
exemples parmi les maîtres qui ont vaillamment
tenu la pointe ou ceux qui la prendraient avec

un égal avantage, pour prouver que l'eau-forte
n'est pas un genre secondaire comme on l'a dit.
Il n'y a pas de genre secondaire pour la manifestation du génie.

La pointe, c'est le crayon ; la morsure, c'est la
couleur. La pointe est quelquefois d'autant plus
éloquente que ses moyens d'expression sont tenus
dans des limites plus restreintes ; elle est fami-
lière et vive dans le croquis, qui doit dire beaucoup
avec peu : c'est la lettre spontanément écrite.
Elle touche à la suprême expression, quand on
l'appelle à traduire un spectacle grandiose, ou
encore un de ces effets fugitifs de lumière dont
il semble que la nature veuille être avare pour
laisser à l'art le privilége et le mérite de l'exprimer et de le fixer.

La gravure à l'eau-forte, par son caractère
même de liberté, par la relation intime et rapide
qu'elle établit entre la main de l'artiste et sa pensée, est le plus naturel des interprètes, et le plus
sincère ; à ces conditions elle honore l'art dont
elle est une branche glorieuse. Les autres genres
de gravure ne peuvent jamais être qu'un moyen
de reproduction. Admirons le savoir, l'intelligence
et l'abnégation que le graveur au burin met au
service de son art, art d'assimilation à une idée
qui lui est étrangère et dont il est l'esclave ; par
lui les chefs-d'œuvre des maîtres sont multipliés
et répandus ; quelquefois en éternisant une

œuvre originale, il immortalise aussi son propre nom. Mais le peintre trouve sa force en lui seul quand il trempe son inspiration dans l'acide et l'en retire triomphante! Il est à la fois le traducteur et le poète.

CHAPITRE II.

OUTILLAGE. — PRÉPARATION DE LA PLANCHE.
DU DESSIN A LA POINTE SUR LA PLANCHE.

Si la théorie générale qui précède semble trop succinte et laisse incomplète l'idée qu'on doit se faire des diverses opérations de la gravure à l'eau-forte, je vais essayer de réunir en un seul faisceau les conseils plus pratiques que j'ai eu l'occasion de donner dans mon atelier à un jeune dessinateur et à différentes personnes. J'ai prévu l'un après l'autre les accidents qui se sont produits ou qui auraient pu se produire. Il ne faut donc pas se préoccuper de l'apparente complication de détails que présentent les pages suivantes, que l'on consultera, si l'on veut, pour des renseignements isolés, comme on consulte le dictionnaire. Dans tous les cas, on fera bien, au fur et à mesure qu'on les lira, d'en faire des applications immédiates, afin d'éviter toute confusion de ces détails dans l'esprit et de s'épargner la sécheresse d'une lecture peu récréative.

§ I. — *Outillage.*

On devra avant tout se munir des objets suivants (1) :

Des planches de cuivre ;
Un étau ;
Du vernis ordinaire et du vernis blanc en boule ;
Du petit vernis liquide ;
Des pinceaux de diverses dimensions ;
Deux tampons, l'un pour le vernis ordinaire, l'autre pour le vernis blanc ;
Une mèche de cire ;
Un porte-pointes ; plusieurs pointes ; une pointe sèche ;
Un brunissoir ;
Un grattoir ;
Une pierre à aiguiser, de premier choix ;
Une loupe ;
De la cire à border ;
Une cuvette en gutta-percha ou en porcelaine ;
Des doigtiers en caoutchouc ;
De l'acide nitrique à 40° ;
Du papier végétal ; calque ou sanguine ; glace ou gélatine ;
Du papier émeri double ou triple zéro ;
Du papier buvard ;
Un rouleau à revernir et ses accessoires.

A ce mystérieux bagage on ajoutera une provision de *vieux* chiffons.

(1) Outillage complet, boîtes d'aqua-fortiste ; chez Cadart et Luquet, 79, rue Richelieu.

On ne saurait trop s'assurer de la qualité du cuivre, métal adopté de préférence pour l'eau-forte; les cuivres mous sont d'une morsure lente, tandis que les cuivres durs mordent rapidement et en profondeur. Il est regrettable que les planches aujourd'hui soient généralement passées au laminoir, ce qui laisse le cuivre peu resserré. Autrefois on les préparait au marteau et le cuivre était meilleur; ainsi battu, le métal devient dur, offre moins de porosité, son état moléculaire se prête admirablement à la morsure, la taille n'en est que plus franche, et lorsque l'on conduit les travaux jusqu'à une extrême finesse, on est certain de la conserver à la morsure.

Les cuivres anglais et les cuivres replanés sont excellents. On pourrait demander des cuivres épais et d'une dimension inférieure à celle des sujets qu'on veut traiter et les faire allonger à coups de marteau jusqu'à ce qu'ils aient atteint le développement voulu; on aurait là certainement de très-bons cuivres.

On choisira un étau à manche de bois pour ne pas se brûler les doigts.

On peut, pour tous les cas possibles, délayer du noir de fumée dans le petit vernis liquide. Quelques graveurs trouvent qu'il sèche trop vite et, craignant qu'il ne s'écaille sous la pointe, ne s'en servent que pour les couvertures; ils emploient pour les retouches le *vernis au pinceau*.

Prendre les pinceaux dont on se sert pour l'aquarelle.

La soie des tampons devra être d'un tissu très-fin.

Pour protéger ses doigts, un graveur a imaginé d'enfumer ses planches avec plusieurs bouts de chandelles ou de bougies réunis au fond d'un petit vase; ils fournissent une fumée abondante; il les éteint au moyen d'un couvercle.

Le porte-pointes reçoit des pointes courtes, de diverses grosseurs, et jusqu'à des aiguilles.

Pour aiguiser une pointe, on peut la passer à plat sur la pierre, en la faisant rouler; puis quand elle est devenue très-aiguë, on lui fait tracer un grand cercle sur du carton, en la tenant cette fois fixe dans les doigts; on continue par des cercles plus petits. Plus on se rapproche du centre, plus la pointe est tenue verticalement. On obtient sa finesse ou sa grosseur en la tenant écartée ou en la rapprochant du point central.

La pointe sèche doit s'aiguiser plutôt par surfaces qu'en rond, pour couper le cuivre et y pénétrer franchement.

Si le brunissoir n'est pas assez poli, il raye le cuivre et produit des taches noires à l'impression. Pour l'entretenir en bon état, on fait, sur une planchette de sapin, deux entailles allongées, de la largeur du brunissoir; on le passe dans la première contenant de la potée d'émeri en poudre, puis, pour lui donner tout son lustre, dans la seconde contenant du rouge d'Angleterre et de l'huile.

Les pierres trop dures pour les rasoirs sont excellentes pour les grattoirs. On en trouve chez Renard, passage de Rome. Après avoir aiguisé le grattoir à plat et avec un peu d'huile, on le passe sur l'ongle ; si on sent la présence de la dent la plus légère, si l'outil ne file pas avec la plus grande aisance, on continue de l'aiguiser, car il rayerait le cuivre.

On aura la liberté d'user de deux cuvettes, l'une pour la morsure, l'autre remplie d'eau pour laver la planche.

Un entonnoir de verre et un bocal bouché à l'émeri seront nécessaires pour transvaser le liquide et le conserver.

Il y a diverses substances pour nettoyer le cuivre ; la plus naturelle consiste dans la pâte obtenue par le frottement du charbon sur la pierre à aiguiser avec de l'huile.

Puis viennent le papier émeri double et triple zéro, la terre pourrie, le tripoli de Venise, le rouge d'Angleterre, et enfin l'ardoise ; la poudre d'ardoise dégagée par la simple action d'un canif est excellente, employée avec de l'huile et un chiffon comme pour les autres substances.

Le vernis à revernir n'est autre chose que du vernis ordinaire dissous dans de l'essence de lavande ; il doit être dur à peu près comme le miel en hiver.

Le rouleau à revernir, d'une forme cylindrique, est terminé par deux manches qui roulent dans les mains ; il faut que le rouleau couvre autant que possible toute la surface du cuivre ; il y en a de diverses dimensions. Sitôt qu'on s'en est servi, on le met à l'abri de la poussière.

§ II. — *Préparation de la planche.*

Je résume les divers entretiens que j'ai eus avec mon jeune élève :

Vernissage.   Voici une planche, lui dis-je ; je la nettoie à l'essence ; une fois bien essuyée, avec un linge fin, et à la rigueur après l'avoir épurée au blanc d'Espagne, je la prends avec l'étau par le bord, en plaçant un morceau de papier assez épais sous les dents de l'étau pour ne pas entamer le cuivre à la pression ; je présente l'envers de la planche à ce réchaud ; la flamme du papier ou une lampe à esprit de vin sert également ; quand la planche est suffisamment chauffée, je place sur la surface polie cette boule de vernis ordinaire enveloppée de soie ; la chaleur la fait fondre. Si la planche est trop chauffée, le vernis bouillonne en se fondant, alors on attend un peu, car il brûlerait ; je passe la boule sur toute la surface du cuivre, sans l'inonder toutefois ; puis, avec le tampon, je frappe dans tous les sens, assez fortement et vite en commençant, de manière à bien étendre et à égaliser la couche de vernis ; et en finissant, à mesure que le vernis se refroidit, j'appuie le tampon plus délicatement. Quand on remarque de l'inégalité et comme de petits points culminants dans le vernis, c'est qu'il est trop épais ; ont amponne jusqu'à ce que l'on ait obtenu une couche parfaitement homogène ; elle sera mince, suffisante pour résister à de fortes morsures et permettra d'exécuter à la pointe des travaux très-fins, ce qui serait difficile avec trop de vernis.

Sans attendre que la planche se refroidisse, je la retourne et je présente le vernis à la fumée d'un flambeau ou d'une mèche de cire, que je tiens à deux centimètres environ du vernis pour ne pas l'entamer ; je fais courir rapidement la flamme dans tous les sens, pour éviter de brûler le vernis, ce qui aurait lieu si je m'arrêtais long-temps sur le même point, et voici que j'ai obtenu un noir brillant ; nous ne voyons plus rien trans-paraître, ni le cuivre ni le vernis ; notre première opération est donc réussie ; nous n'avons qu'à laisser refroidir la planche, le vernis se solidifiera et vous pourrez commencer votre dessin.

Vous me faites remarquer qu'en se refroidis-sant, le vernis perd le brillant qu'il présentait à l'état liquide; cela arrive toujours ainsi ; voyez quelle parfaite netteté sur le vernis. Voici une planche dont l'enfumage n'est pas réussi; on voit d'abord les marques du passage de la mèche ; à la rigueur, elles ne vous gèneraient pas beaucoup pour travailler; mais ici, le brillant du noir est mélangé de parties très-ternies ; le vernis est brûlé ; il s'écaillerait sous la pointe et ne résisterait pas à l'acide. Il faudra nettoyer cette planche à l'essence de térébenthine et recommencer l'opération.

On noircit le vernis, parce que sa transparence naturelle ne permettrait pas de voir le travail de la pointe. Ce travail nous donnera maintenant, comme qui dirait un dessin négatif, c'est-à-dire un dessin brillant sur un fond noir. Cela déroute un peu tout d'abord, mais on s'y habitue assez vite.

§ III. — *Du dessin à la pointe sur la planche.*

Le transparent.   Il est nécessaire de vous installer contre cette fenêtre, et de placer entre elle et vous, sur un plan incliné, un transparent de papier végétal soutenu par un châssis de bois, et sous lequel vous ne verrez plus la fenêtre ; le transparent adoucira et tamisera la lumière ; il atténuera le rayonnement du cuivre et vous permettra de bien voir ce que vous ferez.

Si vous dessiniez sur cuivre en plein air, le transparent serait inutile parce que la lumière diffuse éclairant d'une manière égale la planche dans tous les sens, le rayonnement n'existe plus et le cuivre attaqué n'éblouit pas comme lorsque la lumière vient d'un seul foyer.

On peut se servir d'une seule *pointe*, ou de pointes de diverses grosseurs, d'aiguilles même, comme vous le verrez plus tard, mais on n'obtient jamais sur la planche qu'un travail uniforme, sans plans et sans relief; c'est par la morsure que le dessin sera modelé et coloré.

La pointe doit être tenue le plus perpendiculairement possible sur la planche, car la pureté du trait est en raison de l'angle d'incidence de la pointe sur le cuivre; de plus, elle doit pouvoir être dirigée librement et aisément dans tous les sens; c'est pour cela qu'il ne faut pas qu'elle soit trop aiguë; on s'en assure sur une des marges du cuivre, en traçant des *huit*, ou simplement une ligne que l'on fait remonter obliquement dans le sens de la pointe; si elle ne file pas aisément, si elle attaque le cuivre et s'y arrête, aiguisez-la en conséquence. (Voir ci-dessus, *Outillage*.)

Ceci est très-important, car en principe la fonction de la pointe consiste à tracer le dessin en dépouillant le cuivre du vernis qui le recouvre; mais il faut éviter d'entamer le métal; on empiéterait ainsi sur le rôle de l'acide, et on obtiendrait des travaux inégaux, l'eau-forte ayant plus d'action sur les parties entamées par la pointe que sur les parties simplement dépouillées. Il faut sentir le cuivre sous la pointe sans toutefois le pénétrer.

L'effet opposé consiste à agir trop timidement ; dans ce cas on n'arrive pas au cuivre ; on enlève, il est vrai, la couche noirâtre et l'on croit enlever aussi le vernis, parce qu'on voit briller le cuivre au travers ; mais on s'apercoit plus tard, à l'absence de morsure, que l'on n'avait pas suffisamment appuyé.

Dans les premiers temps, on a une tendance à procéder comme pour le dessin sur papier, en donnant au coup de pointe beaucoup de légèreté dans les fonds et en appuyant vigoureusement sur les premiers plans. C'est inutile.

Certains artistes néanmoins préfèrent attaquer le cuivre avec des pointes coupantes dans les travaux les plus fins, comme dans les plus robustes, et font mordre avec un acide vif ; d'autres attaquent résolûment le cuivre dans les plans où ils veulent obtenir un ton vigoureux. Abraham Bosse, appliquant l'eau-forte au burin, recommande d'attaquer légèrement le cuivre pour les traits qui doivent être fins, et vigoureusement, en creusant le métal, pour ceux qui doivent être très-larges, de sorte qu'avec la même morsure, on obtienne des travaux légers et des travaux vigoureux; ces derniers, il est vrai, devant être retouchés au burin, on comprend que l'on puisse ainsi anticiper sur le travail de cet instrument.

En été, la température ramollit le vernis, le travail de la pointe est souple, facile; en hiver, le froid congèle le vernis qui s'écaille facilement sous la pointe, surtout à la rencontre des traits. Chauffez donc suffisamment votre appartement, ou munissez-vous de deux plaques de fonte ou de deux pierres lithographiques, deux briques si vous voulez, que vous faites chauffer et que vous placez successivement sous la planche pour y entretenir une température douce et uniforme. On a remarqué que les travaux faits dans une bonne température ont plus de souplesse que lorsque le vernis est trop froid, quand même il ne le serait pas assez pour s'écailler.

Suivant ce que l'on veut faire, on aborde directement le cuivre, ou bien, dans le cas d'un dessin à interpréter dans les mêmes dimensions, on se sert du calque. Bien des graveurs s'en affranchissent et s'habituent à copier à l'envers. On connaît l'usage du calque; il y faut du papier végétal, du papier sanguine, un crayon; on fait le calque du dessin sur le papier végétal, que l'on place ensuite sur le cuivre; entre le cuivre et le papier végétal on fait passer le papier sanguine, puis discrètement, avec un crayon très-fin, ou une pointe un peu émoussée, on repasse les traits du dessin qui, sous la pression légère de l'outil, se trouve reproduit par la sanguine sur le vernis. Il est inutile d'appuyer trop fort, car la trace du dessin serait obstruée par la sanguine, vous n'en retrouveriez plus la précision ni la finesse, de plus, vous risqueriez d'entamer le vernis ; le calque doit donner simplement la place de tous les traits, c'est à la pointe ensuite à les préciser.

Si vous avez à interpréter un sujet d'un aspect déterminé, tel que celui d'un monument ou d'un site convenu, des personnages dans une attitude exigée, comme l'impression vous donnerait le sens inverse du sujet, vous êtes obligé de l'exécuter à l'envers sur la planche ; vous décalquez en conséquence, et cela vous est facile du moment que le dessin paraît également des deux côtés du papier végétal.

Dans ce dernier cas, on peut se servir avec plus d'avantage du papier glacé ou gélatine ; on place ce papier transparent sur le dessin, et comme il s'entame facilement, on calque le motif donné au moyen d'une pointe très-fine et très-coupante ; on peut s'assurer que l'on n'a rien oublié, en faisant passer du papier noir sous le papier glacé. On ébarbe le trait obtenu avec une estompe de papier ou avec le grattoir, légèrement, et on recouvre la feuille ainsi gravée de poudre de sanguine; après l'avoir bien essuyée, de façon qu'il ne reste de poudre que dans les creux, on la retourne et on l'applique sur la planche, puis, au moyen du brunissoir imbibé d'huile, on frotte l'envers du papier dans tous les sens; le dessin se trouvera calqué en sens inverse sur le vernis, avec une finesse extrême.

Une fois le calque terminé, vous placez une glace devant votre planche, sur la table, le plus près possible; entre la planche et la glace vous établissez le dessin à interpréter et vous rendez l'image que vous voyez dans le miroir; pour plus de commodité, vous vous placez, non contre la fenêtre, mais dans le sens oblique, de manière que le transparent que vous laissez à votre gauche éclaire en même temps la glace, le dessin et votre travail. Quand on dessine sur cuivre, d'après nature, pour avoir l'image dans le sens du sujet, on s'établit de manière à le voir facilement dans une petite glace fixée en avant de la planche. C'est ainsi que fait Méryon; debout et tenant dans la même main sa planche et la petite glace qu'il porte toujours dans sa poche, il conduit sa pointe avec une sûreté extrême, sans plus d'installation.

Avant de commencer, vous tracerez la marge du dessin, cela sera nécessaire à l'imprimeur; vous protégerez ensuite votre planche avec du papier très-doux; la pression de la main ne fait rien à la condition d'éviter le frottement sur le vernis ; s'il vous arrivait de le fatiguer, vous boucheriez au petit vernis, légèrement et avec un pinceau très-fin, les points brillants qui en résulteraient.

Je pourrais vous faire copier une eau-forte facile ; mais vos études en dessin vous permettent, je crois, d'aborder un exercice plus important ; supposons que vous ayez à faire un paysage, bien que ce que vous voulez apprendre s'applique à tout. Voulez-vous traduire ce dessin de Claude Lorrain (Pl. I) ? C'est une œuvre pleine de charme et de couleur, d'un effet harmonieux. Prenez une seule pointe et maintenez votre travail serré pour les fonds et plus large pour les premiers plans ; ceci vous paraît paradoxal ; l'acide nitrique vous renseignera sur ce point. Je vous indiquerai, quand votre planche sera mordue, les cas où vous agirez autrement, c'est-à-dire où vous devrez serrer ou élargir indistinctement dans les différents plans les travaux de la pointe. Je ne puis vous donner plus d'explications à ce sujet avant que vous connaissiez les pratiques de la morsure avec lesquelles l'intelligence de ces travaux se combine. Cette observation se rapporte aussi à ce que je vous ai dit au sujet des pointes de différentes grosseurs.

— C'est étrange, Monsieur, comme la pointe a quelque chose de doux et de précis en même

Pl. 1.

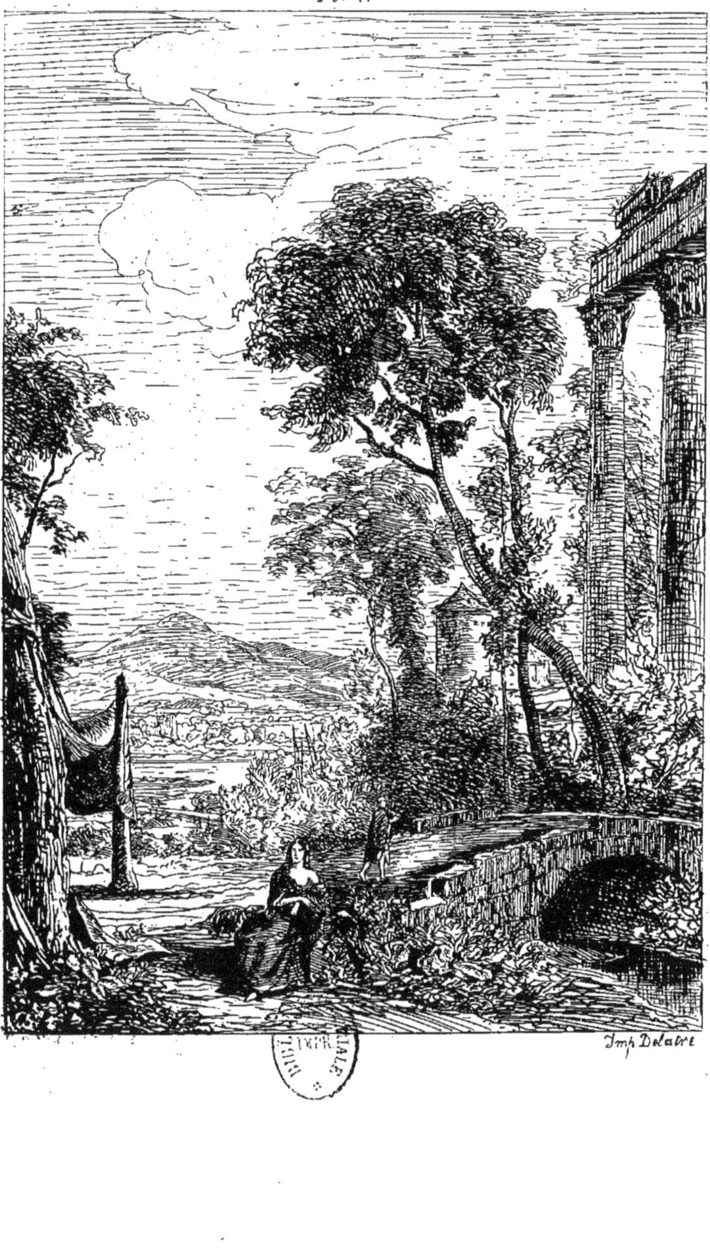

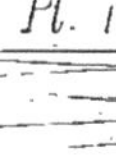

Imp Delatre

temps ; ceux qui dessinent à la plume doivent aimer à faire de l'eau-forte. Il me semble toutefois que mes traits sont bien larges ; j'en ai déjà disposé plusieurs et je ne vois plus le vernis ; je crains de l'avoir enlevé en entier.

— Que cela ne vous inquiète point ; c'est l'effet du rayonnement du cuivre, dont le transparent n'atténue pas complétement le brillant ; le trait brillanté par l'éclat du métal paraît plus gros qu'il n'est ; mais appliquez à plat une feuille de papier végétal sur la planche, vous verrez les traits tels qu'ils existent réellement, c'est-à-dire assez espacés entr'eux. A la loupe vous vous en convaincrez mieux ; vous aurez souvent l'occasion de vous servir de cet instrument pour venir plus aisément à bout de travaux très-fins ou pour vous rendre compte de ce que vous avez déjà exécuté.

Comme le rayonnement dont nous venons de parler trompe sur la quantité des travaux, il pourrait vous arriver d'en retrouver après la morsure moins que vous n'aviez pensé en mettre ; dans les premiers temps, les planches que l'on croit très-travaillées présentent à la morsure des sillons espacés et insuffisants, qui obligent à des retouches ; il est donc essentiel, en principe, sauf les cas spéciaux qui vous seront indiqués plus tard, de donner aux premiers travaux tout le développement nécessaire.

J'oubliais de vous dire qu'il faut vous munir

d'un pinceau à poils très-doux, d'un blaireau, par exemple, que vous passerez légèrement de temps en temps sur la planche pour faire disparaître les parcelles du vernis enlevé ; elles vous gêneraient pour bien voir votre travail.

Continuez et suivez votre sentiment ; travaillez sans crainte de mal faire ; vous pourrez remédier à quelques erreurs : ainsi, si vous vous trompez, vous étendrez au pinceau une légère couche de petit vernis sur la partie manquée ; dans quelques instants le vernis sera sec et vous y ferez le raccord. Vous aurez recours à ce moyen pour corriger un faux trait ou pour faire revivre une partie blanche que vous auriez couverte par mégarde.

Là-dessus, je m'arrête en vous disant : Et bonne pointe et bon acide ; on ne peut rien vous dire de plus jusqu'à ce que votre planche soit mordue.

CHAPITRE III.

DE LA MORSURE.

Ce travail demanda un certain temps. Notre jeune élève, impatient de connaître la transformation par l'acide, revint sans se faire attendre. — Vite, une cuvette, de l'acide et les accessoires. Nous pourrions, lui dis-je, employer un autre moyen mis en pratique par beaucoup de graveurs et qui consiste à border la planche de cire ; cette cire, rendue malléable dans l'air tiède, est aplatie en bandes allongées, et appliquée hermétiquement et verticalement sur les bords de la planche, de manière, en se solidifiant, à former les parois d'un récipient dont le dessin à la pointe serait le fond. Pour éviter quelque fuite dangereuse, on fait chauffer une clé et on la fait passer le long de la cire adhérente à la planche ; la cire se fond et en se refroidissant offre toutes les garanties possibles de solidité. On verse l'acide sur la planche convertie ainsi en cuvette, et comme on a eu soin de réserver à l'un des angles de la cire un évasement pour l'écoulement du liquide, on l'y verse et on l'en retire à chaque morsure. Ce moyen est utile pour les planches dont la dimension dépasse celle des cuvettes ; hors ce cas, je préfère la cuvette en caoutchouc ou en porcelaine.

Installons-nous sur cette table et recouvrons de petit vernis, en une couche épaisse, les marges et l'envers de la planche ; quand le vernis sera parfaitement sec, nous placerons la planche dans la cuvette disposée horizontalement et nous y verserons assez d'acide pour recouvrir le travail d'un centimètre environ ; cette épaisseur, suffisante pour la morsure, permet à l'œil d'en suivre les développements.

Degré de l'acide.

Cet acide est frais et n'a pas encore servi ; acheté à 40°, je l'ai mélangé à une quantité égale d'eau, ce qui le réduit à 20° ; c'est le degré généralement adopté pour une morsure ordinaire. Sa couleur est claire et légèrement jaunâtre ; mais quand il commencera à se charger de cuivre, il deviendra bleu, puis vert. Comme dans son état actuel il serait trop brutal, je le mélange avec une petite partie d'acide ancien. On peut aussi, la veille, y répandre de la limaille de cuivre ; les vieux graveurs y jetaient un *liard* ou un *sou* suivant le volume du bain.

Mettre des étiquettes sur les fioles.

Un jour, un de mes élèves, enrhumé du cerveau, n'avait pas fait de différence entre l'odeur de l'acide et celle de l'essence, et pour faire mordre

une planche, il venait de la plonger dans un bain
de belle et bonne essence de térébenthine. C'est
singulier, dit-il, ça ne mord pas, et cependant
le vernis s'écaille... Les tailles s'élargissent et
deviennent diffuses! Quel est ce mélange bizarre
qui s'opère sur la planche? C'est bien simple ;
l'essence avait délayé le vernis, et la planche étala
aux yeux de notre élève une surface radieuse
et miroitante, comme si elle sortait de chez le
planeur.

Avis à ceux qui ont des distractions et qui pourraient confondre les liquides d'aspect semblable.
Mettre des étiquettes sur les fioles.

Procédons vite à la morsure, dis-je à mon élève ;
lorsque la chaleur du jour semble baisser, la morsure est moins active ; puis il nous faudra au
moins deux ou trois heures, tout compris, pour
cette opération, d'après les délicatesses du dessin
original, que nous devons rendre à la morsure ;
il s'agit de traduire l'impression et le ton d'une
œuvre donnée dont le modelé des plans constitue
le mérite ; il faut du temps & de l'attention pour
que tous les moyens d'opération puissent être
pratiqués avec succès.

Ici commence donc pour vous un côté pratique
délicat; (Pl. I.) voilà la planche dans l'acide ; le
liquide est aux prises avec le cuivre, mais votre
ciel doit être léger et une corrosion prolongée lui
serait nuisible. Retirons la planche ; passons-la

dans l'eau pure pour qu'il ne reste pas d'acide dans les tailles, et couvrons-la de plusieurs feuilles de papier buvard, de manière à la sécher entièrement ; nous serons obligés d'agir ainsi à chaque morsure partielle, car, si la planche était mouillée, le vernis dont nous allons successivement la recouvrir n'y adhérerait pas.

Vous avez vu sur la planche ces bouillonnements rapides se produire à deux reprises différentes ; au premier, j'ai passé légèrement sur le cuivre, pour vous en montrer l'usage, cette plume dont les barbes flexibles ont fait disparaître les globules ; en prenant cette précaution, surtout quand les bouillonnements acquièrent une certaine intensité et se prolongent, on facilite la régularité de la morsure, car l'air renfermé dans ces globules retient l'acide en dehors des tailles où elle se produisent ; si on ne les détruisait pas, l'absence de morsure sur ces traits se manifesterait à l'épreuve par de petits points blancs ; c'est ce que l'on remarque dans quelques planche, d'Israël Sylvestre, qui probablement ne les balayait pas.

Les deux bouillonnements rapides que vous venez de voir peuvent nous servir de mesure ; la morsure qu'ils ont produite doit être très-légère et suffisante pour le ton du ciel ; couvrez-le en entier au pinceau, en vous arrêtant juste aux contours des autres plans ; c'est surtout ici qu'il

est important de joindre au petit vernis du noir
de fumée qui l'épaissit, car s'il restait dans son
état liquide, en effleurant les traits des plans
que vous devez réserver, il pourrait y pénétrer par
l'effet de la capillarité, et, en les obstruant, laisser
une lacune dans les morsures qu'il s'agit de continuer. Attendez que le vernis soit parfaitement
sec; vous pouvez vous en assurer en le mettant à
l'épreuve de votre haleine; s'il reste brillant, c'est
qu'il est encore liquide, et l'acide le traverserait;
lorsqu'il sera sec, il demeurera mat sous votre
souffle.

Remettons la planche dans l'acide pour obtenir
la valeur des autres plans. La température est
pour beaucoup dans l'intensité des bouillonnements, et l'on ne peut guère, d'une manière
absolue, la prendre comme base fixe de la morsure comme mesure de temps, car sa variabilité
même rend difficile l'appréciation du concours
qu'elle nous offre. Ainsi, en hiver, il faut à degré
égal de l'acide, quatre ou cinq fois plus de temps
qu'en été pour obtenir le même résultat, tandis
que dans les fortes chaleurs la morsure est extrêmement rapide et il ne faut pas la perdre de vue
d'une seconde sans risquer de dépasser la mesure.

Voici quelques légers bouillonnements obtenus, et comme il ne faut pas exagérer le ton de
la montagne du fond, il est temps de retirer la

planche ; avec l'ongle ou un très-petit pinceau imprégné d'essence, découvrez un trait isolé et examinez s'il est assez creusé pour le plan qu'il représente ; vous en serez quitte, s'il ne l'est pas assez, pour le recouvrir et continuer. Bien, ce n'est pas ici le cas, et vous pouvez recouvrir le fond entier. Il faut que l'aspect de la taille soit au-dessous de ce qu'elle donnera sur l'épreuve. On doit tenir compte du noir de l'impression. Effleurez au pinceau les bords des arbres, qui s'enlèveront avec plus de légèreté sur le ciel, puis, dans cette tour, la partie de l'ombre qui se mêle à la lumière ; vous avez quelques finesses dans le personnage du premier plan, dans quelques détails des plantes, dans les plis de cette tente ; recouvrez tout cela (Pl. I) ; ne perdez pas de vue les tons du dessin original. Profitez du pinceau pour recouvrir quelques parties qui se dépouillent sur les marges et à l'envers de la planche. Nous avons une bonne température ; les bouillonnements ne se font pas attendre et la planche verdoie rapidement. Je n'aime pas à voir languir ces opérations ; aussi, en hiver, je fais mordre près du feu. On se passionne pour la morsure et l'on y trouve une progression d'intérêt que la pensée du résultat, auquel on aspire, aiguillonne sans cesse. De là ce désir d'observation constante et cette assiduité à suivre toutes les phases de la morsure. J'ai remarqué que l'acide n'a pas d'action sur certaines parties de votre travail; vous saurez bientôt ce que cela veut dire.

— Je me rends compte maintenant de ce que vous m'avez dit au sujet des plans éloignés, plus travaillés que les premiers.

— Rien n'est plus simple, en effet. Vous comprenez que les fonds mordant très-peu, vous donneront un trait mince, tandis que pour les autres plans, la taille s'élargira sous l'action des morsures successives; plus tard, à l'impression, une somme de noir y pénétrera proportionnellement aux valeurs que vous aurez voulu obtenir et vous aurez sur l'épreuve des tons variés, clairs et puissants. Il découle de cela que si vous étiez trop sobre de travaux dans les plans qui doivent mordre peu, vous n'atteindriez pas la valeur du ton que vous cherchez, et si vous serriez outre mesure les travaux des plans qui doivent mordre longtemps, vous auriez un ton noir et indécis, parce que les traits s'élargissant sous l'acide et par conséquent se rapprochant les uns des autres, finiraient par se confondre; et pour peu que la morsure se prolongeât, vous auriez ce qu'on appelle des *crevés*.

Il faut, dans une eau-forte, faire la part de l'espace compris entre les tailles; car le papier blanc que l'on aperçoit entre les traits donne de la finesse, de la légèreté et de la transparence au ton.

Du crevé.

Dans des mains très-habiles le crevé est un moyen d'effet : pour obtenir un fouillis agréable dans une partie d'arbres, dans des travaux de murailles, dans des ombres profondes, on ne risque rien de mêler pittoresquement ses traits et d'en presser la morsure ; Jacquemart, Bracque-

Ses avantages.

mond et d'autres arrivent ainsi à des tons d'un velouté et en même temps d'une vigueur extraordinaires. On peut de même obtenir une belle note par la confusion de quelques traits qui, assez énergiquement mordus, n'en font plus qu'un seul solide et puissant. Ce n'est que l'exagération de ce fait qui, en écartant indéfiniment les côtés de ce même trait et donnant naissance

Ses inconvénients.

entre eux à une surface large et profonde, constitue le crevé proprement dit : le noir d'impression ne se fixe pas dans le creux aplati ; on a une tache blanche sur l'épreuve. Je vous signale l'accident ; plus tard, on vous parlera du remède. Continuons votre morsure ; replongez la planche dans le bain.

— Je remarque que mon dessin devient noir ; il disparaît presque et se confond avec la couleur du vernis, je suis très-intrigué ; mon esprit cherche à pénétrer sous ce vernis et à entrevoir le mystérieux enfantement de mon œuvre. Voici quelques bouillonnements assez forts : qu'en pensez-vous ?

— Laissez-les se produire encore un instant,

et retirez la planche. Il arrive un moment où l'on ne peut plus aussi facilement apprécier à l'œil le travail de la morsure ; dès lors, examinons de nouveau l'intensité des traits obtenus, en découvrant un trait isolé, dans ce terrain, par exemple ; nous pouvons même mettre à nu, au moyen de l'essence, une partie des plans recouverts jusqu'ici, sauf, bien entendu, à les recouvrir au pinceau ; nous aurons une idée de l'ensemble de la morsure et nous pourrons régler la marche des morsures partielles qui vont suivre, soit sur la comparaison avec le temps employé pour les premières, soit sur l'intensité des bouillonnements, dont vous avez déjà constaté l'action sur le cuivre. Vous comprenez que si, au début de l'opération, il est difficile de prendre le temps pour mesure régulière, cela n'empêche pas de calculer les morsures à venir d'après ce qui a été fait.

En définitive, on ne peut pas préciser des règles fixes de morsure : *Les règles de la morsure sont subordonnées à diverses causes.*

1° A cause de l'intensité du coup de pointe : pour celui qui aborde mollement le cuivre, il faut une morsure plus prolongée que pour celui qui l'attaque vigoureusement et qui, par cette raison, l'expose plus à l'action de l'acide.

2° A cause des diverses qualités du cuivre. (*Outillage.*)

3° A cause des divers degrés de la température extérieure ; nous l'avons déjà constaté.

4° A cause des divers degrés de l'acide, qu'on ne se fait pas une loi absolue d'employer à un degré unique ; à 15 ou 18 degrés, la morsure est douce et lente ; modérée à 20, elle devient à 22 ou 24 plus rapide ; il serait dangereux de faire une morsure complète à un degré supérieur, surtout pour des travaux légers.

Il faut l'audace de Bracquemond pour en triompher : je l'ai vu sur un ciel très-fin passer comme l'éclair un large pinceau chargé d'acide à 40° et instantanément plonger la planche dans l'eau pure ; le ton qu'il a obtenu était fin et gris.

Comme corollaire de cette quatrième cause, il est bon de savoir que l'acide trop chargé de cuivre a perdu beaucoup de sa force, tout en conservant le même degré. Ainsi un acide pris à 20 degrés, mais devenu, par l'usage, très-chargé de cuivre, se trouvera considérablement affaibli et mordra plus lentement qu'un acide frais à 15 ou 18°. Continuer de s'en servir dans ces conditions serait dangereux, car il n'y aurait plus d'affinité entre le liquide et le cuivre, et se fiant à une apparence de morsure, qui en outre serait interminable, on s'apercevrait, après avoir déverni la planche, qu'elle est seulement dépolie, mais sans creux.

Ceux qui obtiennent des morsures avec un

acide frais, constamment renouvelé, s'habituent ainsi à une marche fixe.

Quelques graveurs, esprits fougueux et impatients de jouir du résultat, font mordre à un degré élevé ; d'autres, plus prudents, préfèrent une morsure lente qui creuse le cuivre d'une manière uniforme et régulière ; ils font mordre à un degré inférieur ; de cette façon le vernis ne se fatigue pas et la pureté du trait ne court pas risque de s'altérer, comme sous l'action d'une morsure trop active.

Ainsi on a remarqué que, toute proportion gardée dans le temps employé, les valeurs s'accentuent plus vite et plus complétement avec un acide violent qu'avec un acide doux ; cela se manifeste dans les rencontres des traits, où l'acide produirait des désordres si on dépassait la mesure du temps.

Un autre effet de morsure qui découle du précédent se manifeste dans les travaux très-écartés. Comme la morsure s'engage lentement dans les traits isolés, on peut les exécuter avec une pointe coupante et les faire mordre avec un acide assez violent.

L'inverse a lieu quand les travaux sont serrés : la morsure s'engage vivement ; ils demandent une pointe ordinaire et un acide doux.

Ainsi les traits mélangés et serrés deviennent, à la même morsure, bien plus profonds que ceux qui, exécutés avec la même pointe, sont parallèlement ou largement espacés : dans un plan architectural ou avec la même pointe vous aurez exécuté d'un côté des lignes espacées et de l'autre des lignes croisées et serrées, vous ne pourrez pas les faire mordre également si vous voulez qu'elles paraissent sur le même plan ; vous serez obligé de couvrir les dernières avant les premières ; sans cela vous auriez une différence de tons discordante ; il y aura inégalité de morsure, mais à l'œil vous ne vous en apercevrez pas, parce que l'harmonie générale n'aura pas été rompue. (Pl. IV, fig. 1).

En résumé, l'acide violent élargit la taille plutôt qu'il ne la creuse ; l'acide doux au contraire mord en profondeur et produit des tailles dont le noir, en relief sur le papier, arrive à une puissance de coloration surprenante. On le remarque surtout dans les morsures de Piranèse, obtenues au moyen du vernis dur. Reprenons notre opération. J'ai laissé, vous l'avez vu, votre planche mordre plus longtemps ; c'était nécessaire pour enlever en vigueur vos plans sur le ciel et les lointains ; recouvrez le deuxième plan d'arbres, la tour, la tente, la partie verticale du pont qui est en demi-teinte, et continuons ; remarquez que le nombre des morsures n'est pas déterminé, mais subordonné à l'effet cherché.

— Dans ce cas, il est à désirer pour mes mains

novices que je n'aie jamais de morsures multipliées à faire ; regardez mes doigts ; ils sont dans un joli état, le plus beau roux qu'on puisse voir.

— Que cette couleur ne vous inquiète pas, car elle ne tardera pas à tourner au noir.

— Bien obligé pour cette fiche de consolation.

— De plus, vous en aurez pour huit jours avant de faire peau neuve. A l'avenir, vous tremperez vos doigts dans l'eau pure chaque fois qu'ils auront touché l'acide. Vous auriez pu prendre *des doigtiers en caoutchouc ;* c'est un excellent moyen de se garantir, mais en ce moment il est trop tard, car nous avons bientôt fini. Je crois que vous pouvez couvrir tout ce qui reste, sauf les valeurs fermes des premiers plans, qui seront l'objet de la dernière morsure. Bien, la voilà obtenue ; retirez définitivement la planche, et comme je remarque dans l'ombre de cet arbre du premier plan des travaux très-espacés, vous ne risquerez rien de leur donner une dernière vigueur à l'acide pur ; c'est la partie la plus accentuée du paysage ; elle détermine la couleur de l'ensemble ; nous aurons là un ton vigoureux, un effet puissant.

Je profite de l'occasion pour vous dire que l'on peut aussi vers, la fin de l'opération, verser une petite quantité d'acide pur dans le bain, au-dessus de certains plans dont la morsure sera ainsi activée sans trop de brutalité. Comme le plan qui nous occupe est restreint, nous prenons un autre moyen pour limiter sur un point donné l'action de l'acide; voyez, j'y verse quelques gouttes; l'acide pur ronge le cuivre avec véhémence, le métal verdit, mais le bouillonnement s'éteint; passez du papier buvard sur le liquide épuisé, et recommençons. Sous ces nouvelles gouttes d'acide frais le vernis est prêt à s'écailler, le sillon crache et se colore d'un jaune étrange; ces vapeurs rutilantes annoncent la fin de l'opération. La suite devient l'affaire de l'imprimeur, dont la presse nous dira s'il y a triomphe ou échec. Essencez la planche avec les doigts, ou si vous craignez de vous salir, avec un vieux chiffon, du calicot si c'est possible, très-propre, de manière à ne pas rayer le cuivre.

Quant à l'acide qui servira pour d'autres opérations, nous le serrons en lieu sûr.

CHAPITRE IV

REPRISE DES TRAVAUX.

Le résultat que vous avez obtenu n'est pas définitif, dis-je à mon jeune élève, quand il m'apporta une épreuve du *premier état* de sa planche ; votre travail exige quelques retouches et de légères modifications (Pl. II), sans compter les petites irrégularités que j'avais prévues et qu'il sera facile de réparer. Procédons par ordre : voici d'abord des plans suffisamment mordus, dont le ton cependant est indécis et ne se tient pas ; je veux parler des colonnes et des arbres les plus éloignés ; on sent qu'il y manque des travaux qu'il sera nécessaire d'ajouter ; avec le procédé que vous connaissez déjà, vous recouvrirez la planche de vernis blanc ou de vernis ordinaire, absolument comme si elle était vierge de tout travail.

Le vernis blanc, qui est complétement transparent, laisse admirablement voir le travail primitif ; on l'emploie de préférence au vernis ordinaire pour des reprises de travaux très-peu mordus, qu'il laisse transparaître dans toute leur finesse, et qui pourraient disparaître sous le vernis ordinaire. Il vous sera facile de combiner les travaux nouveaux avec les anciens ; l'ombre très-mince du vernis blanc sur le cuivre donnera à vos traits une apparence noirâtre qui vous servira de guide, et, ayant votre épreuve sous les yeux, vous vous attacherez à chercher avec certitude les divers endroits susceptibles de retouche ; pour plus de sûreté, vous ferez bien d'indiquer au crayon vos retouches sur l'épreuve.

Précautions qu'il exige.

On a quelquefois remarqué que le vernis blanc se fend et s'écaille sous l'action de morsures violentes ou prolongées ; comme vous ne vous en servirez que pour des morsures légères et par conséquent de courte durée, vous n'aurez pas à redouter ce danger. Un autre inconvénient facile à prévénir consiste dans la présence de petites globules d'air qui se manifestent sur ce vernis sitôt qu'il entre en fusion ; on chauffe la planche juste à point et on tamponne longtemps et fortement jusqu'à ce que le vernis se refroidisse, puis on présente au feu et à plat l'envers de la planche ; le vernis fond de nouveau ; ce qui reste de globules disparaît. Si quelques-unes sont rebelles, on les couvre très-finement au pinceau, car l'acide profiterait du passage laissé libre par l'air pour venir faire sur le cuivre des petits trous qui, au déver-

Pl. 2

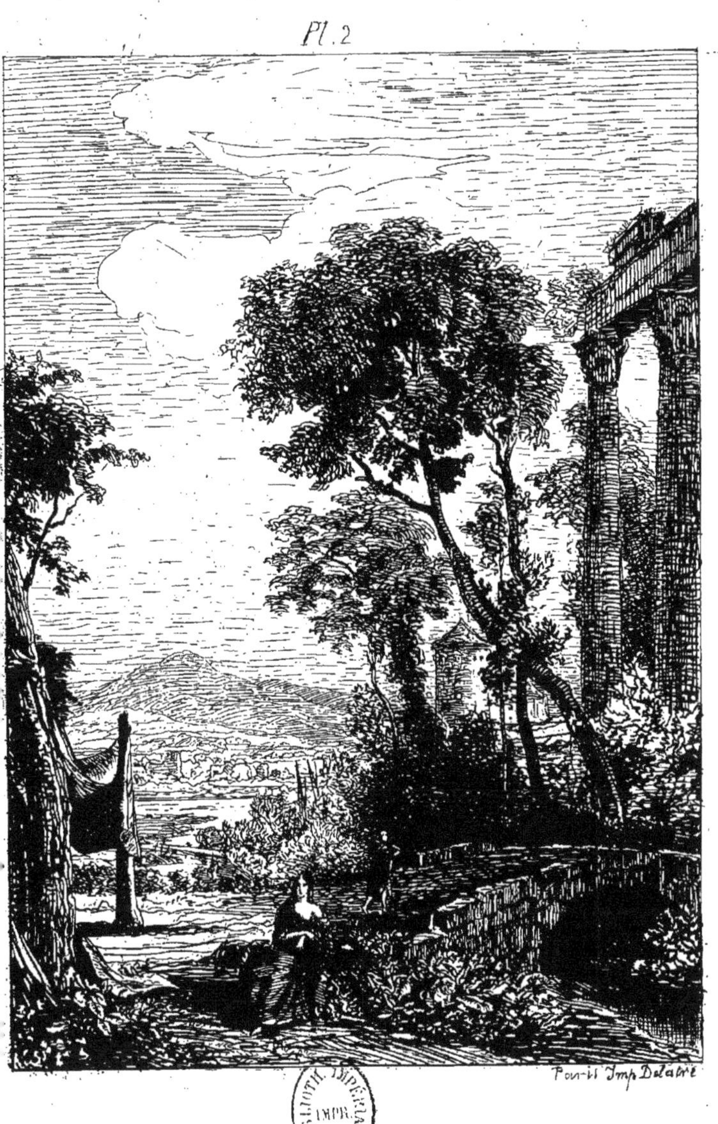

Paris Imp. Delâtre

nissage, causeraient une surprise désagréable; il vous en sera parlé.

Le vernis ordinaire, le même dont vous vous êtes servi en principe, laisse moins bien voir le travail primitif, mais les travaux d'addition y paraissent nets. On peut s'en servir dans son état naturel ou l'enfumer. Il est préférable au vernis blanc quand on opère sur des travaux très-mordus.

Je vous conseille d'employer ici le vernis ordinaire. Une fois les retouches faites, vous remettrez la planche dans l'acide et vous procéderez comme nous l'avons déjà fait, par morsures successives, en tâchant d'arriver autant que possible à la même intensité de ton. Ces travaux mordant isolément viendront s'ajouter aux tailles premières protégées par le vernis.

On ne juge guère ces travaux d'addition, surtout pour le vernis blanc, qu'après la morsure; aussi, si l'on n'obtient pas tout ce que l'on désire, on revernit la planche et on complète les travaux qui paraissent insuffisants.

Je vous ferai observer en outre que sur le vernis blanc le trait apparaît comme singulièrement grossi dès la première attaque de l'acide. Ne vous y laissez pas tromper.

Voici maintenant un plan un peu brutal; il y a plus de moelleux dans le dessin original; vous ajouterez quelques traits que vous ne ferez pas mordre longtemps; ces travaux légers se marieront agréablement aux traits énergiques de ce plan; vous ferez de même pour les grands arbres, qui y gagneront en légèreté. Plus tard, quand vous aurez acquis de l'expérience, vous rencontrerez des cas où vous pourrez appliquer ce dernier avis entre deux morsures : pendant la marche de l'opération, vous ajouterez quelques coups de pointe parmi les travaux déjà mordus; vous obtiendrez ainsi le même résultat que si vous deviez revernir la planche pour faire cette addition.

Quand on procède à ces retouches avec un acide énergique, on voit quelquefois les traits primitifs mordre de nouveau sous l'action du liquide; dans ce cas, on arrête la morsure sur ce point et on se contente de ce que l'on a obtenu. On s'explique pourquoi ces travaux recouverts peuvent remordre, surtout quand ce sont des tailles profondes : l'acide trouvant les bords du trait peu protégés, puisqu'ils offrent une partie saillante, une arête où le vernis se fixe mal, les attaque sans toucher à la profondeur du creux; les ravages faits ainsi sur les bords du trait présentent quelque chose d'affreux; c'est pourquoi, toutes les fois que vous revernirez une planche, vous aurez soin d'augmenter au pinceau la couche de vernis dans les parties qui ne devront subir aucune retouche; vous les protégerez ainsi sûrement.

Indépendamment du revernissage au tampon, il y a le revernissage au pinceau : on peut employer pour une retouche générale le petit vernis mêlé au noir de fumée ; avec un vulgaire pinceau à vernir les bottes, un pinceau très-doux, on en étend une couche sur la planche ; si le cuivre n'est pas parfaitement recouvert sur les bords des tailles très-mordues, on ajoute une seconde couche de vernis ; il ne faut pas attendre qu'il soit trop desséché pour exécuter les travaux que l'on fera mordre dans le bain. Combiné avec le noir de fumée, le petit vernis laisse apparaître les travaux très-fins qui ne se verraient pas aussi facilement si on l'employait dans son état naturel ; chez beaucoup de graveurs, il remplace le vernis blanc.

Revernissage au pinceau.

Pour des retouches partielles, pour des raccords, on emploie ce même petit vernis, mais d'une manière plus simple et plus rapide : on en passe une couche assez épaisse sur le travail restreint, et quand la retouche est faite, on humecte légèrement les traits avec de la salive pour retenir sur ce point même les quelques gouttes d'acide que l'on y met au pinceau. Si on se sert d'acide pur, ce qui est plus expéditif encore, on tamponne le bouillonnement avec du papier buvard et on continue la morsure de la même manière si on la croit insuffisante. Pour des reprises délicates, il sera prudent de ne pas attendre la fin du premier

Retouches partielles. Raccords.

bouillonnement ; le sentiment devra indiquer le moment opportun d'appliquer le papier buvard. On peut ainsi, en procédant rapidement et avec précaution, obtenir des traits extrêmement fins, comme vous l'avez vu dans une autre circonstance (page 38).

Pointe sèche.

Quand ces retouches ou ces raccords sont nécessaires dans des parties très-fines, les perspectives lointaines par exemple, ou dans tout autre plan légèrement mordu, on emploie plus sûrement *la pointe sèche*, car la retouche par la morsure dans ces conditions est chose très-délicate ; il faut arriver juste sans dépasser le ton.

Voici l'occasion de vous en servir : votre ciel et la montagne présentent des parties creuses, vous les garnirez par quelques coups de pointe sèche.

La pointe sèche s'emploie perpendiculairement sur le cuivre nu ; elle doit être aiguisée en biseau et très-coupante pour pénétrer franchement le cuivre et non l'égratigner. (*Outillage*). Vous creusez vous-même le sillon en appuyant plus ou moins fort, suivant le ton des plans où vous vous en servez. Quand il s'agit de raccords, son usage est plus fréquent dans les parties finement mordues que dans les autres, car dans les parties très-mordues, même en appuyant très-fortement, on est toujours au-dessous de la vigueur de la morsure ; à l'impression la pointe sèche a moins de ton que la morsure, parce que l'acide ronge le cuivre perpendiculairement, en angles droits, tandis que le creux de la pointe sèche, n'offrant que des angles aigus, reçoit moins de noir sous une apparence égale de largeur.

Cette différence d'aspect produit des effets singuliers : ainsi, pour corriger une valeur trop ferme qui semblerait venir en avant, il suffit de quelques coups de pointe sèche qui, adoucissant le travail, le repoussent à un autre plan.

La pointe sèche ne sert pas seulement pour des retouches ; on se réserve de l'employer, sans morsure, pour des plans entiers dans les lointains.

Une fois les travaux à la pointe sèche terminés, il s'agit de les *ébarber ;* le cuivre déplacé par la pointe se hérisse sur les bords du trait ; vous vous en rendez compte au toucher ; à l'impression le noir s'y arrêterait et vous auriez de fort belles taches. On fait disparaître ces barbes au moyen du *grattoir*, dont le nom est plutôt ici *ébarboir*, instrument à tranchant triangulaire dont vous passez à plat un des côtés sur la planche, dans le sens opposé à la direction du coup de pointe, et en prenant le trait obliquement. N'ayez aucune crainte d'érailler le cuivre ; vous sentirez au toucher si la barbe a disparu. Lorsque les travaux de la pointe sèche se croisent, on les fait et on les ébarbe séparément dans le même sens ;

sans cela on risquerait de boucher les tailles d'un sens opposé, en ramenant sur elles-mêmes les parcelles de cuivre.

Revenons à notre planche. Vous devez vous souvenir que j'avais remarqué des travaux qui ne mordaient pas; c'est sur le milieu du pont. N'ayant pas assez appuyé, votre pointe n'a pas attaqué le cuivre; vous devez donc, en consultant l'épreuve du premier état et le dessin original, raccorder les travaux absents à l'aide des moyens que vous venez d'apprendre.

Voilà pour la partie d'addition. Passons à l'inverse : l'ombre du parapet et la partie de terrain comprise entre les deux personnages sont trop mordues; ces plans ne s'harmonisent pas avec les plans voisins et dépassent les tons correspondants du dessin.

Vous avez pour y remédier un des quatre moyens suivants :

Le brunissoir,
Le charbon,
Le grattoir,
Le repoussage.

Le brunissoir.   Ces plans sont restreints & d'une morsure peu vigoureuse; vous emploierez le brunissoir; vous l'humecterez de salive et agirez partiellement en le tenant bien à plat, car, en vous servant de l'extrémité seule, vous pourriez faire une cavité dans le cuivre; le brunissoir écrasera et élargira la surface du cuivre au détriment du trait qui se rétrécira; le ton sera ainsi baissé. (*Outillage.*)

Dans les travaux fins, serrés et égaux, le brunissoir est d'un effet excellent, analogue à celui de la mie de pain dans un dessin sur papier.

Il est moins efficace dans les travaux très-mordus, parce qu'il arrondit le bord de la taille, en pénétrant dans les sillons, et qu'il retire un peu la fraîcheur du ton, ce qui est insaisissable à l'œil dans les travaux fins.

Vous profiterez du brunissoir pour éteindre certaines taches produites par des tailles trop rapprochées dans le feuillage; vous atténuerez aussi, dans la colonne de droite, quelques tons de pierre exagérés.

Vous brunirez également ces petites taches inutiles dans les montagnes.

Si vous aviez un plan général à baisser, l'usage du charbon serait préférable. Le charbon de saule, que l'on trouve chez les planeurs, s'emploie à plat, imprégné d'huile ou d'eau; on le dépouille de son écorce qui rayerait le cuivre. Il a la propriété d'user uniformément le métal et il n'altère point la fraîcheur du travail. Quand on veut baisser un ton, on y passe le charbon plus ou moins longtemps, suivant le degré de finesse que l'on cherche à rattraper ; on l'imbibe d'eau, d'abord, pour lui laisser du mordant ; on l'essuie et on continue avec de l'huile, qui tempère l'usure du cuivre ; on peut l'apprécier à l'œil ; le mordant du charbon et les parties cuivrées qui le rougissent servent de guide. Comme ce mordant varie, on utilise ces diverses qualités de douceur ou de rugosité suivant la nécessité de la correction. Il faut savoir aussi que, pris dans le sens droit du fil, il use beaucoup plus que transversalement. On doit passer de l'eau sur la planche pour que le charbon soit toujours propre, car la poussière produite et formant pâte userait le fond de la taille qui serait traduite sur l'épreuve par un trait terne et rougeâtre.

On emploie le charbon pour faire disparaître la trace de la pointe dans une partie du cuivre, où, pendant l'exécution du dessin, on aurait opéré un changement.

Le grattoir. Le grattoir est plus efficace que le brunissoir dans des parties restreintes et profondément mordues. Si le grattoir est bien aiguisé, il ne laissera aucune trace sur la surface baissée du cuivre. (*Outillage.*)

Ainsi la fonction du charbon et du grattoir consiste à user la surface du cuivre ; le sillon devenu moins profond reçoit moins de noir à l'impression ; le trait sur l'épreuve y gagne en finesse.

Le brunissoir ne fait que déplacer le cuivre ;
Le charbon et le grattoir l'usent ;
Il faut donc les appliquer avec discernement.

Ces trois moyens sont employés quand il s'agit de baisser modérément. Si on est obligé de baisser de moitié et plus, on s'expose à faire un creux qui donnerait une tache sur l'épreuve ; on a recours alors au quatrième moyen qui consiste dans le repoussage par le marteau sur le tas. On se sert pour cela d'un compas à branches recourbées : l'une repose sur le travail ; l'autre branche, placée sur l'envers du cuivre et correspondant avec la première, précise l'endroit où il faut frapper, en présentant sur le tas la partie à baisser. Si préalablement on s'est servi du grattoir ou du charbon, on ramène ainsi les tailles à leur plan ; mais lorsque ces tailles se trouvent écrasées, comme elles donneraient un ton sale sur l'épreuve, il vaut mieux planer tout à fait et refaire le travail partiel.

Repoussage.

Le charbon laisse quelquefois sur la planche des traces qui se traduisent par une teinte trop forte sur l'épreuve. Il suffit d'y passer, avec un linge très-doux, de la pâte obtenue par le frottement du charbon avec de l'huile sur une pierre fine. (*Outillage.*)

On donne de cette façon un nettoyage général à la planche, que tous ces procédés divers ne manquent pas de défraîchir quand on en abuse.

Après avoir exécuté ces différents travaux et fait mordre sa planche retouchée, notre jeune élève me soumit une épreuve que je comparai avec celle du premier état (Pl. I et II). C'est cela, lui dis-je; vous voyez comme un état conduit à un autre. Vous êtes rentré dans l'harmonie du dessin original; vous avez *un deuxième état* satisfaisant; nous n'avons pas besoin de recourir à un troisième vernissage.

CHAPITRE V.

DES ACCIDENTS.

Vous allez profiter, continuai-je, d'un incident qui m'arrive : j'ai eu la maladresse de laisser tomber du petit vernis sur une planche en pleine morsure ; impossible de continuer. Voici l'épreuve : il y a égalité de ton et je n'ai pas le modelé que je cherche.

— Comment allez-vous faire, Monsieur, votre planche est-elle perdue ?

— Pas le moins du monde, grâce *au rouleau à revernir*. (*Outillage.*) — Ma première précaution sera de nettoyer ma planche d'abord à l'essence, avec beaucoup de soin, jusqu'à ce que le linge n'enlève plus la moindre salissure, et ensuite à la mie de pain. Je répandrai sur une planche extrêmement propre et non chauffée un peu de vernis, et j'y passerai le rouleau jusqu'à ce que la surface de celui-ci en soit imprégnée d'une manière égale ; je le reporterai dans cet état sur ma planche, à froid, et je l'y passerai avec soin, en

Vernissage au rouleau pour reprendre la morsure.

appuyant dans divers sens et à plusieurs reprises; c'est une affaire de tact. Le vernis s'attachera seulement aux surfaces non gravées du cuivre et il ne pénétrera pas dans les sillons. Il est possible néanmoins que les finesses extrêmes soient obstruées; on l'évite rarement. Quand le vernis sera ainsi étalé et qu'en présentant la planche à la lumière du jour je m'assurerai, d'après le rayonnement des tailles, qu'elles sont pures et intactes, je passerai rapidement la flamme d'une simple feuille de papier sous la planche; le vernis s'échauffera légèrement et en se refroidissant il deviendra solide.

Si on remarque que les travaux soient bouchés, c'est que l'on a trop appuyé le rouleau; de plus, s'il se manifeste des picotements dans le vernis, la planche n'a pas été bien nettoyée; les surfaces du cuivre seraient exposées aux attaques de l'acide. On en est quitte, dans les deux cas, pour essencer la planche et recommencer.

Ma planche sera ainsi dans l'état où elle se trouvait quand je l'ai retirée du bain; je recouvrirai les parties suffisamment mordues, et, guidé par mon épreuve, je procéderai avec certitude à la reprise des morsures.

Ce moyen est dès lors précieux quand on veut renforcer par la morsure des tons insuffisants. On peut encore, dans certains cas, profiter de ce que la planche est ainsi revernie pour y ajouter des travaux. Si préalablement on avait bruni quelques traits trop mordus dans un plan susceptible de remorsure, le léger creux produit par le brunissoir ne recevrait pas le vernis du rouleau; on le verrait à l'aspect brillant du cuivre sur ce point, qu'il serait essentiel de recouvrir de vernis. De même, avant de procéder à la remorsure, si on voit dans l'ensemble d'un plan quelques parties suffisamment fermes, soit par suite de l'attaque de la pointe, soit à cause du rapprochement des tailles, on les couvre au pinceau; on fera de même pour les points trop noirs qui se manifestent quelquefois aux rencontres inégales des traits et dont il est inutile d'augmenter l'intensité. Cette dernière recommandation est utile pour un travail précis.

Dans un cas restreint, on arrive au même résultat en employant le vernis au tampon; on fait chauffer la planche et on entoure la partie qui doit remordre d'une couche épaisse de vernis ordinaire en boule; on passe le tampon, chauffé à son tour, sur ce vernis, et quand il en est imprégné, on le conduit peu à peu sur le travail en continuant de frapper.

Je vous signale un cas analogue qui peut se présenter : si vous avez une morsure à augmenter dans des travaux partiels et espacés, vous recouvrirez au pinceau la planche de petit vernis et vous passerez la pointe dans les sillons; vous dépouillerez ainsi le trait, que vous ferez remordre soit dans la cuvette, soit à l'acide pur, à votre gré.

Des graveurs qui font autorité vous diront d'éviter autant que possible les remorsures, qui donnent un résultat lourd et n'ayant jamais la fraîcheur d'une morsure obtenue du premier coup. Un œil exercé sait faire la différence. Ne faites jamais mordre que d'un quart en plus. Servez-vous de ces moyens comme d'un secours, mais évitez de compter sur eux pour la marche régulière de votre travail.

Des piqués.   Puisque j'ai entamé la question des petites infortunes du graveur, je vous montre une autre planche où le ciel contient des taches, des *piqués* peu profonds ; il y a eu sans doute une retouche sur cette planche, le vernis aura été mal appliqué et l'acide a fait des siennes. Il est fort heureux que les travaux du ciel soient espacés ; les piqués ne se confondent pas avec eux ; on en sera quitte pour donner quelques coups de brunissoir et pour passer au chiffon de la pâte de charbon ; le brunissoir seul polirait trop le cuivre ; à l'impression, la teinte que le noir laisse sur la planche n'existerait pas dans ces endroits ; sur l'épreuve on verrait la trace du brunissoir apparaître en marques blanches. C'est pour cela qu'il faut ramener le cuivre à son état naturel.

— Qu'arriverait-il, me demanda un autre de mes élèves, si ces picotements avaient lieu sur un ciel ou sur une partie très-travaillée? Voici une planche où cet accident s'est déclaré dans quelques nuages et dans les terrains; que dois-je faire?

— Constatons d'abord, pour votre gouverne, que si après la morsure de votre ciel vous aviez attendu que le vernis, dont vous l'avez recouvert, fût devenu sec, cet accident ne vous serait pas arrivé; l'acide, qui ne perd jamais l'occasion que lui laisse la maladresse ou la distraction, a traversé à votre insu le vernis peu solidifié et, de même que dans vos terrains, il s'est amusé à vos dépens. L'acide nitrique, sachez-le, est très-personnel; il a la prétention d'être le premier sujet de vos préoccupations et il faut constamment compter avec cette exigence; il veut qu'on redoute son pouvoir à la fois créateur et dévastateur; il aime qu'on s'occupe de lui sans cesse, avec reconnaissance, avec terreur. Si vous lui tournez le dos, il vous fait des malices; ainsi, vous voilà puni pour l'avoir négligé un instant.

— Merci, mais vous faites en ce moment comme le pédagogue de La Fontaine, qui morigène l'écolier tombé dans l'eau.....

— Ce qui ne le tire pas d'affaire, vous avez raison; mais allez chez un planeur habile, Moreau

Le planeur secourable.

si vous voulez (1); il grattera, brunira, charbonnera les parties attaquées et ramènera le cuivre à ce qu'il était d'abord; vous n'aurez qu'à refaire les travaux.

Aux grands maux les grands remèdes.

— C'est un moyen carré de trancher la question. Puisque vous taillez ainsi dans le vif, ne pourrai-je pas du même coup faire effacer ce ciel en entier? je n'en suis pas content.

— Certainement; par le même procédé le planeur l'enlèvera jusqu'aux contours des arbres et des personnages, il respectera toutes les silhouettes; il retranchera tout ce que vous voudrez, un œil, un nez; vous le lui indiquerez sur l'épreuve. Dans cette partie où vous voyez des trous profonds, le grattoir et le charbon seront insuffisants; le planeur les repoussera avant de s'occuper du reste. Quant aux piqués du premier plan, comme ils sont bien moins profonds que le travail auquel ils sont mêlés, vous pouvez les enlever au charbon, ou du moins les atténuer sans compromettre ces travaux énergiquement mordus.

Vous agirez ainsi quand vous penserez ne pas endommager le travail primitif par une baisse de ton. Dans le cas contraire, vous serez obligé d'avoir recours à l'effaçage ou de supporter l'accident. Si vous voulez ne pas être

(1) Moreau, 33, rue Descartes.

trop puriste, vous trouverez des cas où les piqués seront d'un effet..... *piquant,* et vous vous garderez d'y toucher.

— Voici une *pointe* qui n'est pas mentionnée dans l'outillage ; vous avez des *finesses* ingénieuses pour sortir d'un mauvais pas.

— On retranche, on taille, on sape des plans entiers ; j'ai vu faire replaner la moitié d'une planche dont le dessin était manqué.

Voici venir un aqua-fortiste de mes amis ; que nous apporte-t-il? son habit est couvert de taches du plus beau grenat ; il aurait pu y passer de l'alcali volatil, qui neutralise l'effet de l'acide, mais il n'y regarde pas de si près avec l'eau-forte.

— Oh! Messieurs, ce n'est rien cela ; il faut voir ma planche! j'avais fait d'après nature un cheval qu'un marais à sangsues aurait pu me disputer ; mais je crois qu'il n'a échappé à la *morsure* de ces animaux que pour succomber sous la mienne : jugez vous-mêmes.

— En effet, vous l'avez fait *crever* sous l'acide ; il n'en reste qu'une masse informe, dix fois trop mordue ; heureusement il y a du noir à discrétion chez l'imprimeur ; c'est une véritable ombre chinoise ; il semble que cet animal a pris le deuil de lui-même. Cependant, bien que la carcasse soit perdue, j'espère que vous pourrez sauver quelques membres ; les blessures sont profondes

Comme quoi la loi Grammont, protectrice des animaux, ne s'applique pas à l'eau-forte.

et larges ; on peut tenter un remède *in extremis :* votre cheval subira d'abord une attaque de *charbon ;* s'il en réchappe, nous le livrerons à de nouvelles et féroces *morsures ;* tout cela vous déroute. Donc, après l'avoir charbonné et l'avoir soumis à une dernière *épreuve*..., vous placerez celle-ci devant vous et vous recouvrirez la planche d'une solide couche de vernis ; avec une pointe un peu grosse, vous ferez le raccord dans les parties crevées, devenues blanches sur l'épreuve, en ayant soin d'harmoniser ce raccord avec le travail environnant.

Vous rétablirez ainsi les tailles disparues et ferez mordre en vous rapprochant autant que possible de la vigueur des morsures premières. Si vous n'obtenez rien de merveilleux, ce sera toujours moins mauvais ; à votre place, je n'hésiterais pas à recommencer. Le moyen que je vous indique est plutôt praticable dans des parties isolées.

Quand on a des crevés dans une partie très-serrée de travail et peu mordue, comme ils ne sont jamais profonds, on y remédie plus facilement ; on passe d'abord le charbon avec beaucoup de précaution et de délicatesse ; la pointe sèche fait le reste.

Bon ! voilà encore notre ami qui, croyant prendre de l'essence pour nettoyer sa planche, y verse de l'eau-forte. Le reste de l'animal va y passer... Il n'est pas permis de massacrer ainsi une pauvre

bête inoffensive. Heureusement nous faisons voler
à son secours plusieurs feuilles de papier buvard à
défaut d'eau que nous n'avons pas à notre portée ;·
il était temps ; le cuivre est seulement dépoli ;
encore un peu de charbon... et le petit-fils de
Rossinante est sauvé de nouveau.

CHAPITRE VI.

DISTINCTION ENTRE LA MORSURE A PLAT
ET LA MORSURE PAR COUVERTURES AU PETIT VERNIS.

Maintenant que vous voilà au courant des pratiques de la morsure, dis-je à mon élève, et que
la reprise de vos travaux et la vue de ces divers
accidents vous mettent en garde contre ce qu'il
faut éviter, je puis déterminer, plus facilement
que si j'avais commencé par là, la distinction qui
existe entre les deux genres de morsure sur
lesquels repose tout le système de la gravure à
l'eau-forte, et dont on confond souvent les carac-
tères différents. Ce que nous avons fait jusqu'ici vous fera mieux comprendre cette distinction ; ne pouvant pas du même coup vous indiquer
toutes les ressources de la pointe et celles de la
morsure qui, comme je vous l'ai dit, ont entre elles
des rapports directs, j'ai dû choisir pour la démon-
stration des procédés un exemple général qui me
permît en ce moment de vous en montrer la logique.

Il y a deux genres de morsure : la morsure à *plat*,
et la morsure par *couvertures* au petit vernis. (Pl. III.)

Ces deux genres de morsure ont un rapport commun : l'un et l'autre ne comportent qu'un vernissage et par conséquent qu'un bain. Leur différence tranchée consiste en ce que la morsure à plat s'obtient d'un seul coup, en plaçant une seule fois la planche dans l'acide et la retirant au bout d'un temps quelconque, tandis que la morsure par couvertures se fait par des morsures successives, en retirant la planche du bain et en couvrant les parties qu'on veut réserver autant de fois qu'on le juge nécessaire.

D'après cela, la morsure à plat consiste à modeler avec la pointe ; soit avec une seule pointe, soit avec plusieurs.

1° Avec une seule pointe, on obtient la valeur des tons en serrant le trait pour les premiers plans ou pour les vigueurs, et en l'écartant pour les plans éloignés ou pour les finesses des autres plans ; ainsi, pour obtenir sur un même plan le jeu de la lumière, on écarte le trait pour la lumière et on le resserre pour l'ombre. L'usage d'une seule pointe donne le sentiment de ce que l'on veut faire, mais ne l'exprime pas. On peut sans doute employer ce moyen pour un croquis qui représenterait un dessin à la plume ou au crayon, mais il ne peut être appliqué avec succès dans une planche qui, par sa variété de coloration et la vigueur des morsures, doit exprimer l'idée d'une peinture.

2° Avec plusieurs pointes de différentes grosseurs, les grosses servent pour les premiers plans, les fines graduellement pour les autres. On les alterne dans les différents plans, en les écartant ou les rapprochant suivant les nécessités de l'effet; le creux est le même partout, mais la différence de largeur des traits permet de donner plus facilement à la gravure le caractère d'un dessin, en la modelant davantage.

Avec une seule pointe comme avec plusieurs il faut appuyer également partout, pour que l'eau-forte agisse en même temps et avec une égale intensité sur tous les points de la planche. S'il y avait inégalité d'attaque, les valeurs seraient inégales à leur tour et différentes de ce que l'on aurait voulu obtenir.

Dans la morsure par couvertures, c'est la morsure elle-même, et non la pointe, qui modèle la gravure.

1° Avec une seule pointe. C'est la manière la plus simple. On fait mordre par grands plans. (Pl. V, fig. 1.)

2° Avec plusieurs pointes. Comme exemple très-simple je vous signale le cas où l'on aurait besoin de serrer certaines parties d'un premier plan à côté d'autres très-larges; on fera mordre à peine les premières et on donnera toute l'intensité de la morsure aux autres. (Pl. IV, fig. 2.) De la même façon on pourra équilibrer deux tons d'objets différents, l'un par un travail serré et peu mordu, l'autre par un travail écarté et plus mordu, etc. La morsure par couvertures et avec plusieurs pointes est celle qui exige le plus d'attention et de discernement.

Si on ne réussit pas du premier coup, on revernit et on rentre dans les travaux de reprises.

En généralisant ces avantages, utilisés avec tant de succès à des titres divers, par Charles Jacque, Gaucherel, Meryon, Jules Jacquemart, Bracquemond, Léo Drouyn, H. Valentin, Valerio, Martial, etc., vous voyez où peut conduire la combinaison des travaux d'une ou de plusieurs pointes avec les morsures partielles, soit pour donner aux objets leur couleur naturelle et leur modelé, soit pour les disposer dans l'espace et arriver ainsi à l'harmonie des plans.

Reportez-vous à nos opérations précédentes et, en y rattachant ces explications dernières, vous pourrez les apprécier dans leur ensemble. La nécessité de trouver la vérité d'expression avec ces règles variées, soumises à des conditions différentes, devra vous obliger à une expérimentation personnelle et toute de combinaison entre *la température extérieure, le degré de l'acide, le nombre des morsures partielles, la pression de la pointe, ses diverses grosseurs, la variété des travaux obtenus par elles,* etc., d'une part, et de l'autre, *la durée de la morsure.* Appelé à l'imitation rigoureuse d'un sujet donné, vous devrez suivre

une marche rationnelle et soutenue par une constante réflexion. Pour bien se familiariser avec ces
délicates opérations, il faut pratiquer seul; si vous
manquez quelques planches, ne vous en plaignez
pas; ce sera toujours un enseignement, car vous
vous rendrez compte par les unes de ce qu'il
faut faire pour les autres.

DIVERS MODES DE MORSURE.

Les deux genres précédents qui, généralisent
les règles de la morsure, n'excluent pas des modes
particuliers qui s'y rattachent; ainsi on peut se
borner, dans certaines planches, à établir d'abord
le trait simple que l'on fait mordre plus ou moins
vigoureusement; (Pl. IV, fig. 3) puis on revernit et
on enfume la planche pour continuer les travaux,
soit partiellement, soit dans leur généralité. Rembrandt a souvent procédé de la sorte; en suivant
les états successifs de ses planches, on se rend
compte des reprises de ses travaux; on voit qu'il
s'attachait à travailler extrêmement une partie
quelconque de son sujet sans toucher aux autres;
il en tirait une épreuve; puis il revenait sur cette
même partie avec des travaux plus fins, et passait
à d'autres plans qu'il travaillait suivant l'effet
qui le préoccupait.

Ce mode est souvent imité; comme exemple
de son application, je vous citerai le cas où l'on

Pl. 4.
Fig. 1.
Fig. 2.
Fig. 3.
Fig. 4.
Fig. 5.
M. L.
Imp. Delâtre.

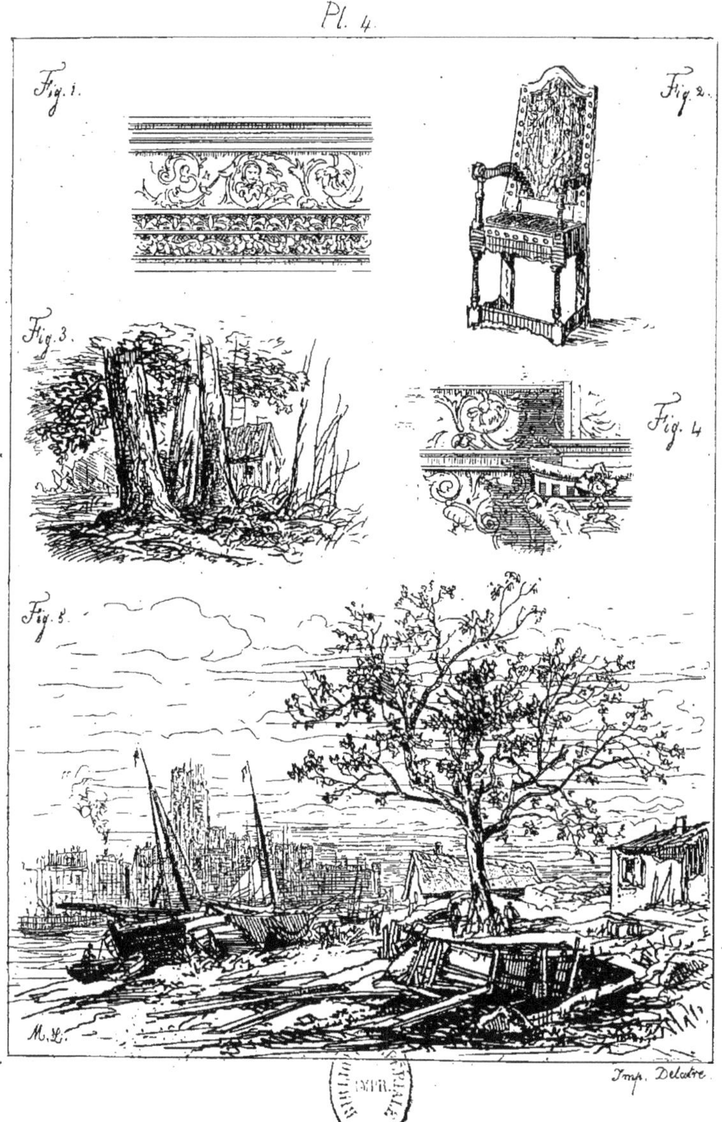

aurait des ombres à faire passer sur un plan détaillé, sur un plan d'architecture entre autres, où il sera commode, afin d'éviter la confusion, d'établir d'abord le trait du dessin pour procéder après un deuxième vernissage, à l'indication des ombres. (Pl. IV, fig. 4).

— Pardon, Monsieur, ne pourrait-on pas obtenir ce résultat par la même morsure, en faisant le trait du dessin avec une grosse pointe et les ombres avec une pointe plus fine ?

— Ce moyen serait ici défectueux ; vous auriez bien deux épaisseurs de trait différentes, mais vous auriez deux profondeurs égales et par conséquent moins d'effet.

D'après ce que je vous ai déjà expliqué, et suivant le sujet à traiter, on peut obtenir l'ensemble par l'exécution et la morsure isolées de chaque plan ; ainsi on commence par le premier que l'on fait mordre ; après avoir fait tirer une épreuve, on revernit la planche pour procéder de la même façon à l'exécution des autres plans et du ciel, en faisant tirer une épreuve chaque fois pour servir de guide.

Ce mode d'opération, essentiellement graveur, est surtout avantageux pour disposer un ciel ou un lointain derrière un feuillage compliqué ; on peut dessiner isolément le ciel et le lointain que l'on fait mordre (Pl. IV, fig. 5), puis, la planche étant revernie, exécuter les travaux des arbres sur ceux

des fonds; ces derniers travaux mordant à part,
il est évident que l'on aura procédé avec logique
et évité une difficulté presque insurmontable,
celle de réserver au pinceau les traits du ciel à
travers un feuillage clair et persillé. On peut procéder autrement, en commençant par les arbres
que l'on fait mordre et finissant par le ciel sur un
second vernissage; ces derniers travaux prendront
place derrière les arbres. Il ne faut pas s'inquiéter
de faire passer les travaux du ciel sur les tailles
des arbres, car la morsure du ciel devra être si
légère qu'elle n'ajoutera rien au ton du feuillage,
et vous aurez toute liberté d'action pour donner
aux coups de pointe la direction que vous voudrez.

Quelques graveurs trouvent plus commode de
commencer par le ciel et les plans lointains, à
cause des points d'arrêt que rencontrerait la pointe
dans les sillons plus mordus des arbres, ce qui
détruirait l'aisance de leur exécution; ils font bien
s'il sont en face d'un ciel compliqué, mais, s'il ne
s'agissait que de quelques traits, il serait mieux de
les faire après; il est facile néanmoins de s'habi-
tuer à ces secousses de la pointe quand elle agit
sur un travail déjà mordu.

Ce que je vous ai dit peut s'appliquer aux mâts
et aux cordages d'un bateau, etc., à toutes lignes
enfin qui doivent trancher nettement et vigoureusement sur un plan finement mordu.

Un amateur a eu une idée assez originale, mais que je crois impraticable, celle d'exécuter une eau-forte dans l'acide même, en commençant par les plans qui doivent être vigoureux, continuant graduellement par les autres et finissant par le ciel. Ces divers plans peuvent arriver à une morsure proportionnelle, sans doute, mais la pointe!... Puis, il faut aller d'autant plus vite que la morsure du travail fait ainsi dans l'acide est cinq ou six fois plus rapide. On doit être curieux d'essayer cette audacieuse manière d'opérer, pour voir comment on pourra allier l'inspiration du moment à la durée peu précise d'une morsure qui s'affranchit ainsi de toute règle méthodique et ne suit d'autre loi que celle que lui impose un caprice d'artiste.

Tout ceci vous prouve que dans l'eau-forte on a la liberté d'appliquer à ce qu'on veut faire tel ou tel mode d'opération. Il est bon de les essayer tous, comme on doit essayer toute chose pouvant amener un résultat nouveau, inconnu, donner une idée, réaliser un progrès que la routine ne favorise pas toujours.

CHAPITRE VII.

RECOMMANDATIONS ET PROCÉDÉS PARTICULIERS.
— PLANCHES DE ZINC ET D'ACIER. — THÉORIES
DIVERSES.

§ I. — *Recommandations et procédés particuliers.*

La roulette.

La latitude que je viens de vous donner n'est pas exclusive au point que l'on doive approuver tous les procédés matériels sans exception ; il en est un dont je vous proscris l'usage, la pointe ayant assez de ressources en elle-même pour pouvoir se passer du concours de certains instruments étrangers ; je veux parler de la *roulette* aux pointillés, qui trouve son application naturelle dans d'autres genres de gravure.

La pointe plate.

Servez-vous de la *pointe plate* avec ménagement ; elle enlève d'assez fortes largeurs de vernis, mais donne des tailles peu profondes et moins vigoureuses que celles que l'on obtient par une morsure prolongée, avec une pointe ordinaire.

— Et le burin, Monsieur, qu'en direz-vous ?

Le burin.

— Le *burin* est l'instrument usuel et fondamental de la gravure proprement dite en taille

douce ; quoiqu'il ne soit pas absolument nécessaire dans le genre d'eau - forte qui nous
occupe, il y a des cas où il peut intervenir
avec avantages, mais à titre d'auxiliaire seulement.

Ainsi, pour obtenir des vigueurs sur un travail
très-mordu mais d'apparence grisâtre et terne,
dans un ton étalé où régnerait une sorte de
monotonie, quelques coups résolus et irrégu-
liers de burin feront merveille et réchaufferont
la valeur du ton.

Quelques tailles écartées de burin donnent
de la fraîcheur à une teinte salie, creuse et
rougeâtre, sans en augmenter le ton.

On peut se servir aussi du burin pour des
raccords partiels dans des travaux assez mordus.

Le burin, d'une forme rectangulaire, aiguisé
en biseau, est appliqué un peu horizontalement
sur le cuivre nu ; son manche est tenu dans la
paume de la main ; on le pousse en avant et
il pénètre franchement le métal ; son plus ou
moins de pression et d'inclinaison sur la planche
produit la différence des tailles. Le ton obtenu
par le burin est plus vigoureux que celui de la
morsure, parce qu'il creuse le cuivre plus profondément. Si on en faisait un grand usage dans
une eau-forte, comme sa taille est extrêmement
nette, elle trancherait par la différence de ton
avec les travaux de la morsure ; pour faire disparaître cette inégalité, il suffirait de faire re-

mordre légèrement le plan où le burin a été employé, ce qui donnerait aux tailles de celui-ci le même aspect que celles de la morsure.

En somme, n'usez du burin qu'avec la plus grande circonspection, parce que la science de son application à la pointe est très-délicate et donne à l'eau-forte un autre caractère que celui qui nous occupe. Il me semble que l'employer dans une eau-forte libre, enlevée du premier coup, c'est comme si on venait jeter une phrase de Bossuet au milieu de la conversation.

Papier de verre. En fait de moyens mécaniques, redoutez les tons obtenus par le frottement du *papier de verre* sur le cuivre; ils se traduisent la plupart du temps par une tache sale et sans fraîcheur. Evitez ce procédé à cause de sa difficulté d'emploi; un très-habile graveur peut seul en tirer parti.

Fleur de soufre. Pour harmonier ou augmenter la valeur d'un ton, je craindrais moins de vous voir employer la *fleur de soufre.* On la mêle avec de l'huile, de manière à former une pâte homogène assez épaisse que l'on étend par couches au pinceau sur le travail mordu.

L'action de ces deux corps sur le cuivre dépolit celui-ci et produit à l'impression un ton frais et suave qui se marie agréablement avec celui de la pointe.

Il est facile d'obtenir des différences de

valeur en laissant plus ou moins longtemps le soufre sur la planche. Cette morsure d'un autre genre est rapide dans la chaleur; quelques minutes suffisent pour un ton ferme. Par le froid, elle demande un temps relativement prolongé. Cette corrosion, d'un aspect fortement bistré sur le cuivre, produit à l'impression des teintes beaucoup moindres. Si l'on n'est pas satisfait de ce qu'on obtient, on l'efface au charbon, car le cuivre est très-superficiellement attaqué.

Cette extrême légèreté de morsure permet aussi d'éteindre au brunissoir quelques parties que l'on voudrait faire ressortir en blanc.

C'est un procédé très-complaisant, vous le voyez, mais il rappelle trop la manière noire ou l'aqua-teinte et d'ailleurs il ne peut être appliqué qu'en teintes plates, sans modelés; je vous l'indique néanmoins, pour que vous en usiez par fantaisie, à titre de curiosité, mais avec réserve; il vaut mieux employer la pointe sèche, qui rentre dans les procédés naturels de la gravure à l'eau-forte.

Il vous est accordé avec la même restriction, pour quelques parties de vieux murs, de rochers ou de terrains, pour des plans où vous voudriez faire régner une sorte de désordre pittoresque d'exécution, de recourir au moyen suivant (Pl. V, fig. 2) : vous étalez du vernis ordinaire sur une plaque de cuivre suffisamment chauffée ; vous tamponnez et reportez le tampon inégalement chargé sur les plans déjà mordus de votre planche, chauffée à son tour; le vernis y adhérera d'une manière irrégulière, laissant le cuivre à nu dans quelques endroits; vous [protégerez au pinceau les parties que vous voulez réserver et ferez mordre à l'acide pur ; vous obtiendrez des *picotements* assez curieux. Employé à propos, dans des sujets où votre fantaisie sera libre de s'exercer, ce procédé vous donnera des résultats inattendus et souvent heureux.

Réserves au petit vernis sur le travail.

Avant de passer outre, je vous indique un moyen commode pour rendre un effet d'orage (Pl. V, fig. 2) : vous ferez le ciel à la pointe, d'une manière serrée, pour avoir les tons sombres des nuages, et, avant de faire mordre, vous dessinerez au vernis à pinceau les carreaux de la foudre ; ainsi protégée à la morsure, cette ligne sera blanche à l'impression ; elle sera plus nette et plus naturelle que si vous l'aviez réservée dans le travail de la pointe, l'obtenant par deux traits qui l'auraient cernée d'une manière dure.

Vous pouvez procéder de même pour un clair de lune, pour des filets de lumière dans l'eau, pour toutes lignes claires difficiles à réserver sur un fond noir.

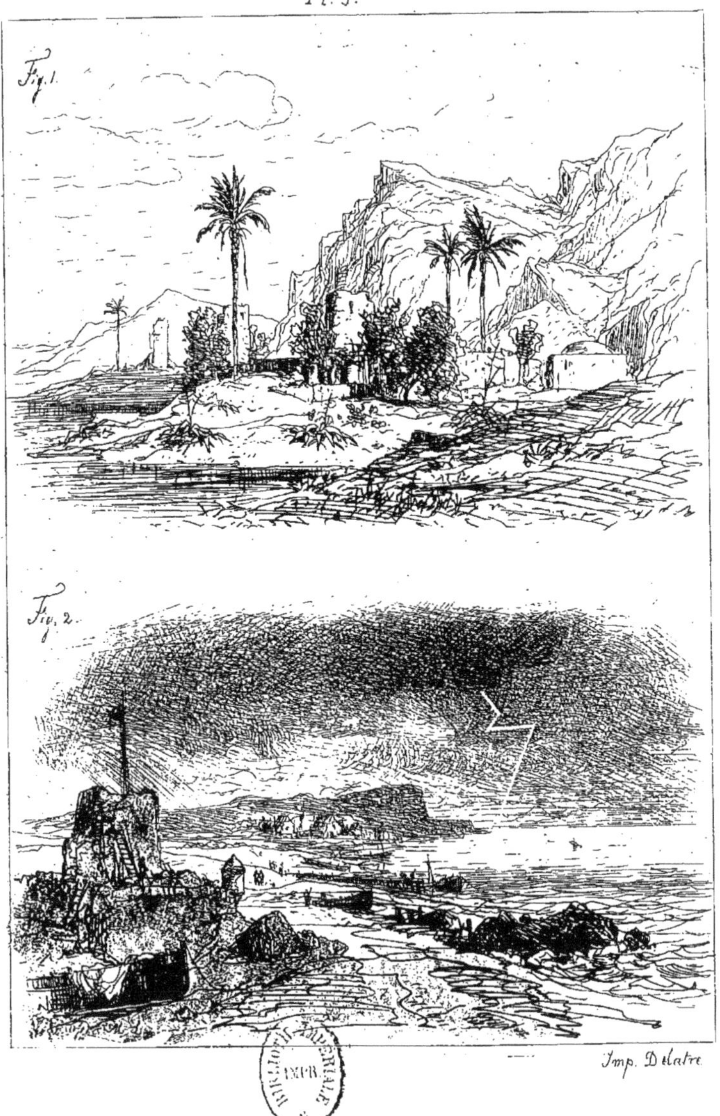

Pl. 5.

Fig. 1.

Fig. 2.

Imp. Delatre.

§ II. — *Planches de zinc et d'acier.*

Jusqu'ici je ne vous ai parlé que de planches de cuivre. On grave aussi à l'eau-forte sur le *zinc* et l'*acier*. La morsure du zinc est rapide et exige quatre fois moins de temps que celle du cuivre à degré égal; 10° suffisent pour le même temps. Cette morsure est brutale, sans finesse et sans profondeur. Le zinc ne supporte pas un long tirage. Les planches d'acier sont d'un prix plus élevé que celui des cuivres. L'acier mord aussi avec une grande rapidité; un huitième d'acide sur sept parties d'eau suffit pour sa morsure qui, en moyenne, dure d'une minute à cinq, depuis les plans faibles jusqu'aux plus forts.

Daubigny, Charles Jacque et Bracquemond sont presque les seuls qui aient fait des eaux-fortes libres sur l'acier, employé plus particulièrement dans les autres genres de gravure.

§ III. — *Théories diverses.*

Il y a un genre de gravure peu pratiqué aujourd'hui, connu sous le nom de *vernis mou,* et qui a été cultivé avec succès, il y a une vingtaine d'années, par Louis Marvy et Masson. Les graveurs du siècle dernier le désignaient sous le nom de *gravure en manière de crayon.*

Vernis mou.

On prend une boule de vernis ordinaire que l'on fait fondre au bain-marie, dans un petit vase, en y ajoutant, en hiver, un volume égal de suif; en été, on met un tiers de suif et deux tiers de vernis; on laisse refroidir le mélange obtenu et on en fait une deuxième boule que l'on enveloppe d'un morceau de soie, très-fine de tissu. On en vernit une planche à la manière habituelle et on enfume légèrement. Sur ce vernis ramolli on fixe une feuille de papier très-mince, ayant du grain, et l'on y fait un dessin au crayon; partout où passe celui-ci, le vernis s'attache au papier en proportion de la pression de la main, et, quand la feuille est retirée avec précaution, elle entraîne le vernis qui y est adhéré. On fait mordre la planche ainsi dépouillée et on obtient une gravure identique au dessin (Pl. VI).

Si à l'impression on remarque de la mollesse ou de l'indécision dans ce travail, on peut le reprendre à la pointe, en revernissant et en faisant mordre; c'est-à-dire que l'on fait une eau-forte sur ce premier état, en le précisant davantage et en ajoutant des travaux de morsure ou de pointe sèche partout où la pensée est traduite d'une manière insuffisante ou vague.

On ne peut néanmoins donner à ces travaux que le caractère de pointillés inégaux, pour se conformer au premier travail. Sans cela il n'y aurait pas d'homogénéité dans l'aspect de ce

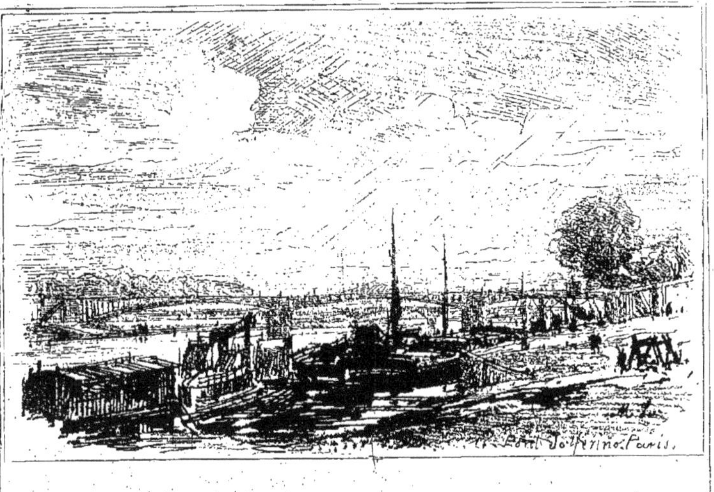

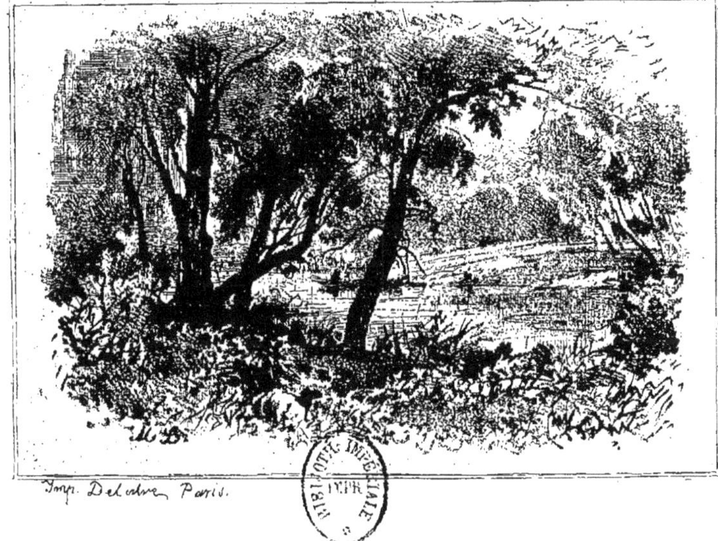

Pl. 6.

Imp. Delâtre, Paris.

genre de gravure, où le grain du papier joue le plus grand rôle. On n'obtiendrait rien avec un papier satiné. On se sert à son gré de papiers à gros grains ou à grains fins. On peut même les alterner dans le même sujet. Ce genre de gravure demande beaucoup de précautions à cause de la fragilité du vernis. Il est nécessaire de protéger la planche de manière à ne pas y appuyer la main. (Voir ci-après à l'*aciérage*).

Gravure à la pointe sèche.

On grave aussi à la *pointe sèche ;* ici l'eau-forte n'a rien à mordre. (*Outillage*). On dessine à la pointe sèche sur le cuivre nu, appuyant plus ou moins fort, et élargissant ou resserrant ses tailles, suivant la valeur des tons que l'on cherche. (Pl. VII). L'accent de ce genre de gravure consiste dans l'*ébarbure*. Il est rationnel de commencer par le ciel ou les valeurs délicates et de les ébarber si on a des valeurs plus vigoureuses à disposer par dessus. (Voir la *pointe sèche,* page 48.)

Il est commode de préparer ses plans en dessinant sur la planche vernie et enfumée, que l'on essence pour continuer, guidé par le trait général effleuré sur le cuivre.

On voit parfaitement ce que l'on fait en étalant au chiffon un peu de noir de fumée, délayé dans du suif, sur le travail, au fur et à mesure qu'on l'exécute, et en l'essuyant avec le plat de la main; on peut ainsi observer et conduire son œuvre jusqu'au bout, soit en ébarbant plus ou moins ou n'ébarbant pas du tout les tailles de chaque plan, soit en ajoutant des travaux partout où on les voit insuffisants. Le travail présente sur la planche ce qu'il présentera sur le papier. On modèle ainsi son sujet; on fait passer des tailles vigoureuses sur des tailles ébarbées; on en enlève, on en remet. A l'impression on obtient des tons veloutés et puissants, tels que les produit l'estompe sur le papier. (Voir ci-après à l'*aciérage*.)

Procédé à la plume.

Bracquemond a appliqué des renseignements vagues, qui lui ont été fournis, à la recherche d'un procédé de gravure qui offre des ressources : après avoir bien nettoyé une planche avec de l'essence d'abord, ensuite avec du blanc d'Espagne, et en prenant la précaution de ne pas y mettre les doigts, on y fait un dessin à la plume avec de l'encre ordinaire, de la petite vertu ou de Guyot si on veut. Il ne faut pas s'attendre néanmoins à trouver dans la plume la finesse de la pointe.

Le dessin terminé et bien sec, on vernit et on enfume la planche sans tenir compte du dessin, en ayant soin toutefois que la couche de vernis ne soit pas trop épaisse, puis on met la planche dans l'eau. Au bout d'un quart d'heure, on la frotte légèrement avec de la flanelle; l'encre ramollie entraîne avec elle le vernis qui la recouvre et laisse apparaître un dessin très-net que l'on fait mordre.

On procède avec une seule plume et diverses

Pl. 7.

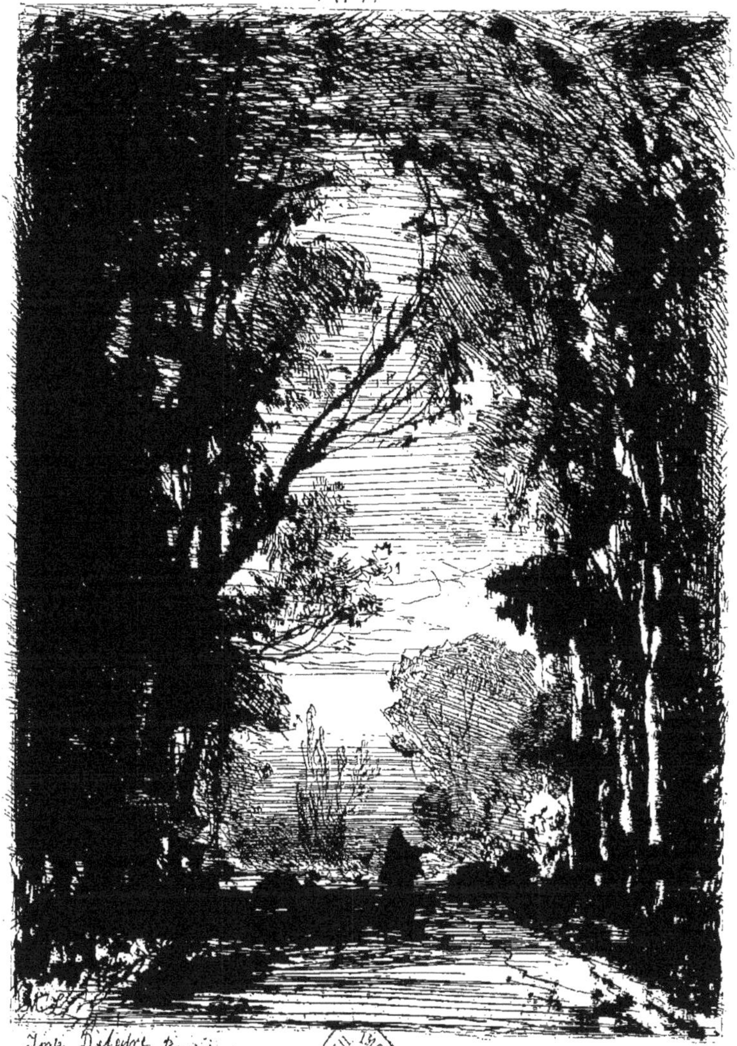

Imp. Delâtre Paris.

morsures, ou avec des plumes de grosseurs diffé-
-rentes et une seule morsure.

Comme pour le vernis mou, on est libre d'ajou-
-ter à la pointe des travaux de finesse.

Il est important de vernir et de mettre la
planche dans l'eau le plus tôt possible. Au bout de
deux jours l'encre ne se détache plus.

Voici un moyen assez simple pour obtenir des
épreuves, quand on n'a pas une presse à sa disposition et que l'on désire de suite se rendre compte
de sa morsure.

On prend une feuille de papier très-mince, un
peu plus grande que la planche, et on l'enduit
d'une légère couche de cire fondue, de la vraie
cire, de la cire blanche; puis on répand sur la partie gravée un peu de noir de fumée que l'on étale
avec le bout du doigt, de manière à le faire pénétrer dans les tailles; on donne un léger coup de
plat de la main pour nettoyer la surface du cuivre;
on y place la feuille de papier, la cire tournée
contre la gravure; on a soin de retourner les bords
du papier sur l'envers de la planche pour bien l'y
fixer, puis on passe le brunissoir dans tous les
sens : le noir de fumée s'attache à la cire et rend
toujours une image approximative, suffisante pour
diriger l'artiste dans la reprise des travaux, s'il y
a lieu.

De telles épreuves et celles que l'on vous a
tirées à la hâte jusqu'ici ne peuvent que vous don-

Épreuves à la
cire.

ner une idée de votre travail sans vous en présenter la véritable expression ; allez chez Delâtre
si vous voulez vous mettre au courant des ressources de l'impression, dont la connaissance est
utile après celle des procédés.

CHAPITRE VIII.

DE L'IMPRESSION.

La première préoccupation après le dévernissage de la planche, c'est de voir ce que
donnera l'épreuve. De la cuvette à la presse il n'y
a qu'un pas; mais ne prenez pas cette méta-
phore au sérieux, si une impatiente curiosité
vous dévore (1); faites la course plein de confiance : Delâtre a aidé Charles Jacque et
quelques autres dans leurs premières tentatives
de la résurrection de l'eau-forte, et dernière-
ment il a été appelé à Londres pour fonder au
musée de Kensington une école d'impression qui
est en voie de prospérité. De plus, il manie la
pointe en aqua-fortiste émérite.

Le voilà devant sa presse; à côté de lui, une
caisse en tôle renfermant un réchaud; puis du
noir, un tampon, des chiffons, du papier.
Delâtre va montrer l'usage de tout cela à notre

____

(1) Imprimerie Delâtre, 303, rue Saint-Jacques.

jeune élève qui lui présente sa planche et qui désire être renseigné sur tout ce qui se rattache au tirage des épreuves.

Je place, dit l'imprimeur, la planche sur la caisse de tôle ; elle s'y échauffe suffisamment et j'y étale, au moyen de ce tampon, du noir d'impression ; le noir, en pénétrant dans les tailles, couvre complétement la planche ; j'en retire l'excédant avec un chiffon de mousseline roide, comme cela se pratique pour toutes les manières d'imprimer, puis j'essuie avec la paume de la main, de manière qu'il ne reste de noir que dans les tailles ; j'essuie également les marges du cuivre, pour laisser sur la gravure seule la légère teinte du noir, et je livre la planche à la presse, l'établissant sur une tablette engagée entre deux cylindres de fer ou de bois dur ; je dispose sur la planche une feuille de papier légèrement mouillée et je recouvre le tout de langes de flanelle ; je donne l'impulsion à la roue de la presse ; les rouleaux, tournant sur eux-mêmes, entraînent la tablette qui, passant entre eux, est soumise à une forte pression ; les langes facilitent par leur élasticité l'entrée du papier dans les tailles ; vous le voyez, du reste, votre planche se trouve maintenant de l'autre côté des rouleaux ; nous n'avons fait qu'un tour, bien que généralement on tire à deux, c'est-à-dire en faisant revenir la planche sur elle-même, ce qui donne plus de puissance, mais, quelquefois, moins de finesse et de précision aux traits que lorsqu'on procède par un seul tour. Je relève les langes et retire avec précaution la feuille de papier; elle a absorbé le noir : nous avons une *épreuve naturelle*, qui donne exactement l'état de la planche (Pl. I). C'est de la même façon que s'imprime la gravure en taille douce, avec cette différence, toutefois, que la teinte, plus ou moins apparente, maintenue sur la planche gravée à l'eau forte (Pl. III, IV, V), n'est pas conservée sur la planche gravée au burin.

L'impression de la gravure à l'eau-forte s'écarte souvent de cette manière uniforme. Soumise à des nécessités d'harmonie et au caractère de l'exécution, elle est variable dans ses effets et devient un art dans certains cas où l'artiste et l'imprimeur se trouvent solidaires l'un de l'autre, l'ouvrier pour saisir la pensée de l'artiste, et l'artiste pour accepter l'expérience pratique de l'ouvrier (1).

> Divers modes d'impression de la gravure à l'eau-forte.

Ainsi votre planche, imprimée comme nous venons de le faire, donne une épreuve un peu sèche; elle demande plus de suavité.

Nous pourrions, après avoir *essuyé la planche*

> Retroussage.

(1) Il serait très-avantageux que chaque artiste pût tirer ses épreuves lui-même. Rembrandt en est le plus illustre exemple, puisque de sa main sont sorties bien des notions que l'on utilise aujourd'hui.

à la main, la *retrousser,* c'est-à-dire l'effleurer *lé-gèrement,* avec un morceau de *mousseline douce* roulé en chiffon ; la mousseline entraîne dans ce cas le noir hors des tailles et le répand sur les bords ; à l'épreuve un ton vigoureux remplit l'espace compris entre les traits ; mais il faut, pour agir ainsi, que les travaux soient également espacés dans tous les plans et qu'ils soient surtout écartés. Pour être d'un effet juste, le retroussage doit être général, car si le chiffon passe dans un plan et non dans un autre, dans une partie foncée et non dans un plan clair, il y a discordance de ton, et par conséquent absence d'harmonie. Ce moyen serait ici défectueux, car votre travail, large dans certaines parties, est serré dans d'autres, où l'espace manque entre les tailles ; le noir qui en sortirait ne trouverait pas de place ; nous obtiendrions un ton bourbeux, un de ces empâtements qui attirent des critiques contre l'imprimeur, quand il applique inutilement le retroussage à des planches où les travaux se suffisent à eux-mêmes.

Emploi de la mousseline pour essuyer la planche.

Employons un autre moyen : l'épreuve gagnera en fraîcheur quand nous aurons adouci le travail en passant d'une manière un peu plus forte, *après l'action de la main ,* la mousseline *roide* sur la planche (Pl. II) ; par suite de cette pression, la mousseline roide, au lieu de reporter ailleurs le noir qu'elle enlève des sillons, le retient dans ses légères rugosités; un ton d'estompe se manifeste sur le cuivre et enveloppe les tailles sans les obstruer; l'épreuve est souple et veloutée.

Voyez une autre nuance : j'imprime en ce moment des planches de MM. Ribot, Chifflart et Daubigny. Vraies eaux-fortes de peintres, quelques-unes de ces planches sont très-accentuées, puissamment mordues; les tailles sont espacées et significatives. Imprimées naturellement, ces planches donneraient des épreuves d'un aspect creux et mince. L'action de la main devient inutile; je passe la mousseline *roide*. Je continue et je termine ainsi, de manière à essuyer davantage les plans lumineux et à laisser l'ampleur de la teinte sur les plans ombrés et très-mordus. Je pourrais aussi essuyer assez fortement à la mousseline douce et retrousser, avec une mousseline douce plus propre, certains travaux de la planche.

Il ne faut pas confondre avec le retroussage cette manière d'essuyer, qui laisse sur le métal une teinte plus ou moins forte. Voici l'épreuve d'une des planches dont je vous ai parlé : elle est soutenue sur tous les points; le trait est plein et nourri; l'aspect général est harmonieux et énergique, les lumières adoucies; les plans vigoureusement accusés sont enveloppés d'une teinte chaude: c'est presque la peinture apportée dans l'eau-forte.

On procède ainsi pour les planches où les travaux, profondément mordus, n'auront pas exigé de morsures multipliées, pour les œuvres sobrement exprimées, pour les croquis (Pl. VIII). L'imprimeur a quelquefois d'autant plus d'initiative à prendre que la planche aura été simplement gravée; il complète, en un mot, l'intention effleurée par l'artiste.

D'après ces exemples, vous voyez que la différence des tons dépend de la pression plus ou moins forte de la mousseline sur la planche, et des degrés de roideur de l'étoffe. On a souvent besoin, et c'est une affaire de tact, d'alterner ses diverses propriétés, soit pour assouplir, en l'essuyant davantage, un ton devenu trop vigoureux, soit pour le renforcer s'il a été amolli.

Ces divers moyens constituent l'art de l'impression de la gravure à l'eau-forte; mais tout en reconnaissant leur efficacité quand on les utilise à propos, il faut redouter le danger de les appliquer sans discernement; les planches, obtenues par des combinaisons savantes de morsure, doivent être imprimées naturellement, pour ne pas perdre le caractère absolu que la pointe et l'acide leur a donné. Ce n'est qu'avec beaucoup de prudence qu'on peut se permettre de les essuyer à la mousseline, si on veut leur donner plus de suavité.

Les artistes ont donc tout à gagner en venant présider au tirage de leurs épreuves, pour indi-

Pl. 8.

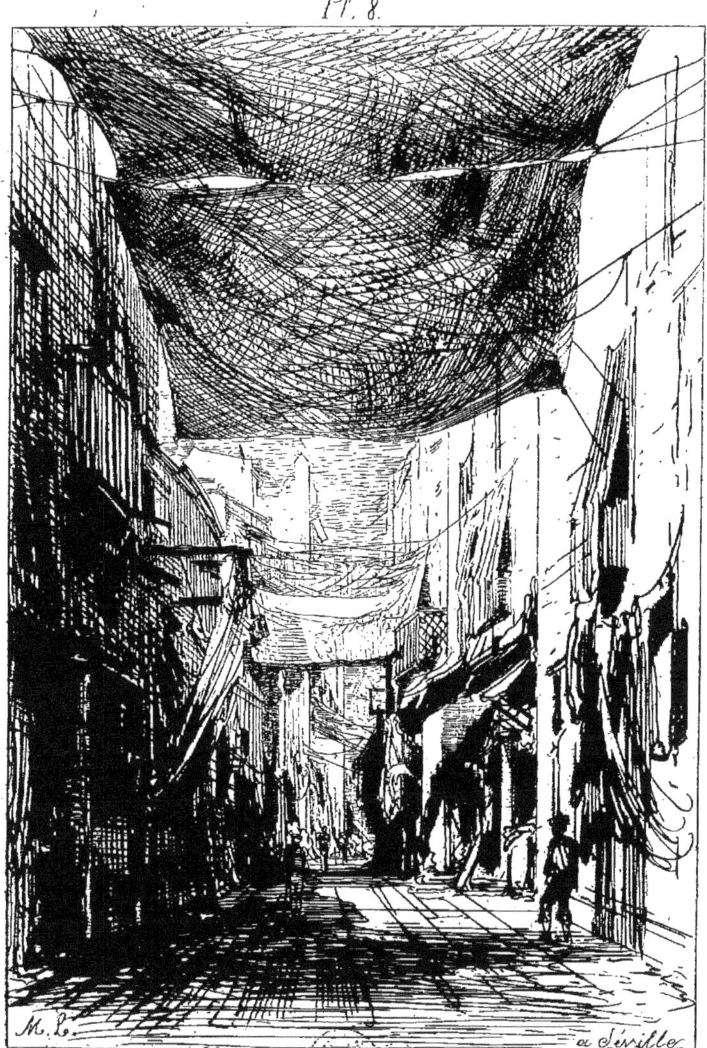
M. L.
à Séville
Imp. Delâtre. Paris.

quer à l'imprimeur de quelle façon ils désirent être interprétés. Si quelques-uns préfèrent la simplicité de l'état naturel, le plus grand nombre se retire toujours satisfait de l'autre manière d'imprimer qui, à cause de sa difficulté même et des nuances multiples de son application, a été pendant longtemps l'objet de mes préoccupations, le but de mes recherches, et je suis heureux de la voir généralement comprise et adoptée par nos premiers aqua-fortistes.

La qualité et les divers tons de l'encre d'impression, la manière dont elle est broyée, sont pour beaucoup dans la beauté d'une épreuve. On compose des encres d'un noir pur que l'on tempère légèrement avec du bistre ou de la terre de Sienne, et on utilise à son gré ces diverses nuances. Une planche comme la vôtre exige un noir léger, composé avec du noir d'Allemagne et du noir de fumée. Le ton bistre qui, à la longue, perd sa fraîcheur et sa vigueur, doit être évité; il convient mieux dans tous les cas à un travail énergiquement mordu, mais il serait insuffisant dans le vôtre. Un noir fort lui donnerait de la dureté. Cette dernière nuance pure ou très-légèrement bistrée est préférable pour les planches accentuées par la morsure.

Encres.

Le papier le plus convenable à l'eau-forte est le papier vergé; son éclat sert merveilleusement un effet; sa solidité peut défier le temps.

Papiers.

Quelques artistes et amateurs fouillent les greniers pour trouver de vieux papiers, aux bords roussis et brûlés, qui donnent à certaines planches une apparence de vieille gravure.

Le papier de Chine favorise la pureté du trait; mais, comme il est mat, il fournit des épreuves un peu sèches et ternes.

Le papier japonais, blond, soyeux et transparent, est excellent, surtout pour les planches qui demandent moins d'éclat que de mystère, pour les valeurs sourdes et profondes, pour la concentration d'un effet. Comme le papier japonais absorbe l'encre, on a soin de retrousser fortement la planche et de l'essuyer à la mousseline. Ce papier fait moins bien valoir un croquis dont les travaux nets, libres et espacés, s'accommodent mieux du ton du papier vergé.

J'ai eu l'idée de tirer des épreuves sur le parchemin, peu ou mal employé jusqu'ici; rien n'égale la beauté de cette impression, naturelle ou soutenue par la mousseline; c'est une bonne fortune pour les collectionneurs [1].

Avec le chine et le japonais on tire des *épreuves volantes,* c'est-à-dire libres, sans les coller en plein sur papier blanc; on se borne à les fixer par les deux extrémités d'en haut sur du bristol, qui les fait parfaitement ressortir.

---

1. P. Imbault, 5, rue Saint-Bon, spécialité de vélins et parchemins pour impressions artistiques.

Tous ces papiers, excellents à divers titres, surtout le japonais, qu'on trouve peu en France, sont de préférence employés pour les épreuves de luxe, pour les épreuves *avant la lettre,* celles que l'on tire avant la gravure du titre sur la planche. On est convenu de tirer ainsi un nombre plus ou moins déterminé d'épreuves qui donnent la fleur de la planche ; puis celle-ci reçoit la gravure du titre et est livrée au tirage général.

On est donc certain, en possédant une épreuve sans titre, d'avoir ce que la planche a fourni de plus pur ; mais, de même que les tableaux des maîtres n'ont pas besoin de signature pour être reconnus, de même les épreuves avant la lettre pourraient fort bien se passer de cette garantie qui consiste dans l'absence du titre, car les amateurs savent y reconnaître cette fraîcheur première, que favorisent du reste les soins extrêmes apportés à cette impression exceptionnelle, mais qui ne peut se maintenir pendant un tirage continu.

On recherche également les *épreuves de remarque,* celles des divers états d'une planche, pour se rendre compte des modifications qu'elle a subies. Leur rareté en augmente le prix.

Le nombre d'épreuves qu'une planche peut fournir n'est pas déterminé et dépend beaucoup de la finesse ou de la force des travaux, qui cèdent ou résistent au tirage. Il dépend aussi de la qualité du cuivre ; un cuivre mou s'usera plus vite

Épreuves avant la lettre.

Épreuves de remarque.

qu'un cuivre dur longtemps battu au marteau. Les planches telles qu'on les prépare aujourd'hui ne résisteraient pas autant que les anciennes (*Outillage*); et comme la vulgarisation des œuvres d'art qui touchent à l'impression s'est considérablement accrue, on a dû chercher un moyen de solidifier la surface du cuivre pour obtenir un long tirage. Le mode d'aciérage lui a été appliqué.

Aciérage. L'*aciérage*, dont l'invention est due à MM. Salmon et Garnier, et que M. Jacquin s'est chargé de rendre pratique, consiste dans le dépôt par la galvanoplastie d'un fer ammoniacal, véritable acier, sur les planches de cuivre, c'est-à-dire dans la superposition d'un métal dur sur un métal plus mou [1].

Ce mode de préservation, qui maintient dans toute leur délicatesse les finesses extrêmes, jusqu'aux traces les plus ténues de la pointe sèche, non-seulement garantit le cuivre du contact de la main et du chiffon, qui l'useraient plus que la pression du cylindre, mais permet d'obtenir en moyenne un millier d'épreuves d'une égale pureté. Certaines planches, par suite de la manière dont on les essuie, n'atteignent pas ce chiffre ; d'autres, imprimées simplement, peuvent donner de 3 à 4000 épreuves, et quelquefois plus.

Sitôt que la planche subit la moindre alté-

---

(1) Jacquin et Cie, 71, rue Notre-Dame-des-Champs.

ration et que le cuivre commence à paraître, on le désacière au moyen d'agents chimiques, lesquels, ayant une action différente sur les deux métaux, attaquent l'un sans toucher à l'autre. Le cuivre se trouve rétabli dans son état antérieur et par conséquent dans les mêmes conditions pour recevoir un deuxième aciérage. Les planches peuvent ainsi être *désaciérées* et *réaciérées* un grand nombre de fois et permettre de pousser tel tirage à des chiffres considérables.

Les planches ne sont généralement soumises à l'aciérage qu'après le tirage des épreuves avant la lettre.

Les gravures au vernis mou sont mordues peu profondément et doivent être aciérées au bout de deux à trois cents épreuves.

Le peu de solidité des barbes de la pointe sèche ne permet guère de tirer en moyenne plus de vingt à trente épreuves; l'aciérage leur fait atteindre un chiffre qu'on ne peut pas préciser, mais de vingt à trente fois plus élevé. On renouvelle l'aciérage quand il y a lieu.

Le zinc ne s'acière pas, mais il peut se *cuivrer*.

L'aciérage est adopté par la Chalcographie du Louvre, et par la *Gazette des Beaux-Arts*, cette remarquable et unique publication qui honore la littérature critique, et qui a sa place dans toutes les bibliothèques d'art. On a géné-

ralement recours à l'aciérage ; il conserve intactes les belles planches de nos graveurs et
permet de mettre à la portée d'un plus grand
nombre de personnes des gravures de choix qui
naguère n'entraient que dans les salons du
riche ou dans les collections des amateurs
passionnés.

FIN.

Gravure. — Article extrait de l'Encyclopédie des arts et métiers.
In-fol. de 9 pag., fig.

Perrot (A. M.), Manuel du graveur, ou Traité complet de la
gravure en tous genres, d'après les renseignements fournis
par plusieurs artistes. Paris, 1830. In-18.

Deleschamps (Pierre). Des mordants, des vernis et des planches
dans l'art du graveur, ou Traité complet de la gravure. Paris,
1836. In-8.

The art of graveing, and etching, wherein is exprest the true
way of graveing in copper, allso the manner and method of
that famous Callot, and M. Bosse, in their severall ways of
etching. Published by *William Faithorne*. London, 1662.
In-8, fig.

The art of engraving with the various modes of operation.....
by *T. H. Fielding*. London, 1844. In-8, fig.

Traicté des manières de graver en taille-douce sur l'airain.....
par *Abraham Bosse*. Paris, 1645. In-8, fig.

Des types et des manières des maîtres graveurs, pour servir à l'histoire de la gravure en Italie, en Allemagne , dans les Pays-Bas et en France; par *Jules Renouvier*. Montpellier, 1853-1856, 4 parties in-4.

La gravure depuis son origine; par *Henri Delaborde*. 1860. In-8.

> Ces articles, qui n'ont pas été tirés à part, ont paru dans la *Revue des Deux Mondes,* nos des 1er et 15 décembre 1850 et 1er janvier 1851.

Idée de la gravure..., par *M. de Marcenay de Ghuy*. Paris, 1764. In-4 de 16 et 10 pag.

> Seconde édition. La première parut dans le *Mercure* du mois d'avril 1756, et fut tirée à part sous ce titre :

Idée de la gravure, par M. de M***; s. l. ni d. In-12.

> Voir encore, dans le *Mercure* de 1755, une notice qui a été tirée à part, annonçant la mise en vente d'une estampe de Marcenay de Ghuy d'après Parrocel le père.

Histoire de la gravure en France, par *Georges Duplessis*. Paris, 1861. In-8.

> Ouvrage couronné par l'Institut de France (Académie des beaux-arts).

Lectures of the art of engraving, delivered at the Royal Institution of Great Britain; by *John Landseer*, engraver to the king. London, 1807. In-8.

Three lectures on engraving; delivered at the Surrey Institution in the year 1809; by *Robert-Mitchell Meadows*. London, 1811. In-8.

Le peintre-graveur, par *Adam Bartsch*. Vienne, 1803-1821. 21 vol. in-8 et un atlas in-4.

Le peintre-graveur français..., par *Robert Dumesnil*. Paris, 1835-1844. 8 vol. in-8.

Le peintre-graveur français continué, par M. *Prosper de Baudicour*. Paris, 1859. 2 vol. in-8.

Beredeneerde catalogus van alle de prenten van Nicolaas Berghem...., (Catalogue raisonné des estampes de M. Berghem) beschreeven door Hendrick de *Winter*. Amsterdam, 1767. In-8.

Catalogue de l'œuvre de Abraham Bosse, par *Georges Duplessis*. Paris, 1859. In-8.

> Extrait de la *Revue. universelle des Arts*.

Eloge historique de Callot (par le P. *Husson*). Bruxelles, 1766. In-4.

A catalogue and description of the whole of the works of the celebrated Jacques Callot... by *J. H. Green*. (attribué à *Claussin*). 1804. In-12.

Éloge historique de Callot; par M. *Desmaretz*. Nancy, 1828. In-8.

Recherches sur la vie et les ouvrages de J. Callot; par *E. Meaume*. Paris, 1860. 2 vol. in-8.

Pictorial notices consisting of a memoir of sir Anthony van Dyck with a descriptive catalogue of the etchings executed by him... by *William Hookham Carpenter*. London, 1844. In-4, port.

Œuvre de Claude Gelée, dit le Lorrain, par le comte *Guillaume de L. (Leppel)*. Dresde, 1806. In-8, fig.

> Il faut encore consulter, pour l'œuvre gravé de Cl. Lorrain, outre le *Peintre-graveur*, de M. Robert Dumesnil, t. I, le *Cabinet de l'Amateur et de l'Antiquaire*, par Eugène Piot, t. II, 433-466.

Eloge historique de Claude Gelée, dit le Lorrain; par *J. P. Voiart*, Nancy, 1839. In-8.

A description of the works of the ingenious delineator and engraver Wenceslaus Hollar disposed into classes of different sorts; with some account of his life; by *G. Vertue*. London, 1745. In-4, port.

Catalogue raisonné des estampes gravées à l'eau-forte par Guido Reni; par *Adam Bartsch*. Vienne, 1795. In-12.

Catalogue raisonné de toutes les estampes qui forment l'œuvre de Rembrandt...; par *Adam Bartsch*. Vienne, 1797. 2 vol. in-8.

A descriptive catalogue of the prints of Rembrandt; by an amator *(Wilson)*. London, 1836. In-8.

Rembrandt. Discours sur sa vie et son génie, avec un grand nombre de documents historiques, par le Dr *P. Scheltema;* traduit par *A. Willems;* revu et annoté par *W. Burger*. Bruxelles, 1859. In-8.

 Extrait de la *Revue universelle des Arts.*

Rembrandt and his works...; by *John Burnet*. London, 1859. In-4, fig.

L'Œuvre complet de Rembrandt, remarquablement décrit et commenté par *Charles Blanc*. Paris, 1859. 3 vol. in-8.

Les Johannot, par M. *Ch. Lenormant*. Paris (1858). In-8.

 Extrait de la *Biographie universelle* de Michaud.

De la gravure à l'eau-forte et des eaux-fortes de Charles Jacque, par *Charles Blanc*.

 Gazette des Beaux-Arts, t. IX, p. 193 et suiv.

Articles de *Philippe Burty* dans la *Gazette des Beaux-Arts*, sur Mᶜ O. Connell, Meissonier, Millet, Méryon, Seymour-Haden.

Lettre de Martial sur les éléments de la gravure à l'eau-forte. Paris, 1864.

PRINCIPAUX PEINTRES-GRAVEURS DE DIVERSES ÉCOLES

QUI ONT ILLUSTRÉ L'ART DE LA GRAVURE A L'EAU-FORTE.

Rembrandt.	K. Dujardin.	Boucher.
Claude Lorrain.	Berghem.	Fragonard.
Van Dyck.	Ostade.	Tiepolo.
Le Guide.	Callot.	A. Canaletti.
Le Parmesan.	Barlow.	Goya.
Paul Potter.	Hollar.	Piranèse.
A. Cuyp.	Watteau.	Blery, etc.

ŒUVRES LES PLUS REMARQUABLES

DES AQUA-FORTISTES CONTEMPORAINS

L'Œuvre complet de Charles Jacque, que tous les amateurs con-
naissent, et qui depuis vingt ans soutient avec honneur
l'épanouissement de l'eau-forte moderne.

On peut considérer sa *Bergerie* comme une des planches les
plus importantes de l'époque.

L'Œuvre de Léon Gaucherel, qui a gravé de nombreux mor-
ceaux d'architecture de la manière la plus pittoresque.

Les rares eaux-fortes de Meissonier.

L'*Histoire de la porcelaine* par Jules Jacquemart. — Les *Gemmes
et joyaux de la couronne,* publiés par Henry Barbet de Jouy,
et dessinés et gravés à l'eau-forte par J. Jacquemart pour la
calchographie des musées impériaux.

Collections, pointes sèches et nombreuses planches exécutées
pour la *Gazette des Beaux-Arts,* par le même.

Dans ces divers ouvrages Jules Jacquemart a fait preuve de la science la plus complète du graveur à l'eau-forte, en alliant la précision, la finesse et la sûreté d'une pointe brillante aux délicatesses les plus subtiles de la morsure. — Ses planches sont un exemple remarquable de la souplesse de l'eau-forte à traduire les substances dans leur caractère le plus rigoureux de réalisme et prouvent une fois de plus que la gravure à l'eau-forte n'a pas seulement la faculté d'exprimer le sens fugitif d'un spectacle de la nature.

De Bracquemond on connaît : le *Battant de porte;* — les *Sarcelles,* la *Pie,* le *Corbeau,* le *Canard,* le *Héron;* — portraits, — paysages, eaux-fortes d'après Corot ; — la *Source* d'après Ingres, le *Portrait d'Érasme* d'après Holbein, le *Tournoi* d'après Rubens, etc.

Originalité tranchée, pointe sûre et pénétrante, morsures audacieuses; coloration dans les noirs et richesse de tons; connaissance approfondie des procédés, telles sont les qualités exceptionnelles qui distinguent les planches de Bracquemond.

Les estampes de Méryon sur le *vieux Paris.*

Ces estampes, d'où la fantaisie trop libre de l'exécution est exclue, portent le caractère de l'imitation absolue du pittoresque. Ce sont autant de poëmes où la justesse du dessin et la volonté de l'artiste à rendre la nature d'une manière consortante et robuste s'allient à la philosophie mystique des scènes et des épisodes dont il aime à meubler ses sujets : contraste singulier entre la rigidité de la forme et l'exubérance du sentiment.

Les eaux-fortes de Léopold Flameng, en n'ayant égard qu'aux planches dans lesquelles il n'a pas fait usage du burin. — Il est parvenu à rendre les eaux-fortes de Rembrandt avec une liberté et une aisance que le maître n'aurait pas désavouées.

Les paysages de Daubigny.

La plupart de ces œuvres, qui ont une grande influence sur le développement de l'eau-forte moderne, rivalisent, par leur mérite et leur caractère, avec les productions des plus beaux temps de la gravure à l'eau-forte et placent leurs auteurs au premier rang dans l'histoire actuelle de cet art.

Il faut encore citer les planches et collections de : Delacroix, Decamps, Tony Johannot, Chasseriaux, Gérome, Gudin, Edm. Hédouin, Bodmer, Valerio, Léo Drouyn, Jean Achard, Millet, Ribot, Ch. Chaplin, Chifflart, Mme Henriette Browne, Mme O'Connell, Hillemacher, Célestin Nanteuil, de Rochebrune, H. Valentin, Martial, Hervier, Queyroy, Michelin, Whistler, Seymour-Haden, MM. de Goncourt, Vicomte Lepic, Veyrassat, Chauvel, Desbrosses, Flyen-Perrin;

Enfin celles de Th. Rousseau, Bonvin, Gavarni, J. Laurens, Mlle A. Mathieu, Mlle Madeleine Colle, Moyse, de Heyden, Legros, Manet, Allemand de Lyon, Baron de Lyon, Appian, Otto Weber, Jarrufini, Cham, Rops, Dufeu, Marquis de Brême, Comte Boroméo, Van Elven, Brendel, C. Haes, etc.

Le plus grand nombre de ces artistes fait partie de la Société des Aqua-fortistes.

TABLE

CHAPITRE III.

CHAPITRE IV.

CHAPITRE V.

CHAPITRE VI.

CHAPITRE VII.

CHAPITRE VIII.

FIN.

PARIS. — IMPRIMERIE DE J. CLAYE, RUE SAINT-BENOIT, 7.

PEINTURES · TERRES CUITES
MARBRES **AUX** BRONZES

ARTS MODERNES

CADART & LUQUET

ÉDITEURS

GÉRANTS DE LA SOCIÉTÉ DES AQUA-FORTISTES

Rue de Richelieu, 79

PARIS

ANCIENNE MAISON BÉNARD

IMPRIMERIE SERINGE FRÈRES

Place du Caire, 2

1865

CATALOGUE

DES

LITHOGRAPHIES — GRAVURES — EAUX-FORTES

Publiées par la Maison

CADART & LUQUET

LITHOGRAPHIES

NOMS DES ARTISTES	DÉSIGNATION DES SUJETS	PRIX	
		F.	C.
Vollon............	Une Réunion d'Amis, d'après Noterman..	3	»
»	Un Convive trop pressé, pendant du précédent, d'après Noterman......	3	»
F. Rops......... ..	Un Enterrement au pays Wallon......	8	»
»	Un Monsieur et une Dame...........	6	»
E. Vernier........	Le Retour de la Foire, d'après Courbet..	5	»
»	Les Casseurs de Pierres, d'après Courbet.	6	»
»	La Curée, d'après Courbet...,........	5	»
»	Si heureux la Veille, d'après Ed. Sain..	6	»
»	Une famille de Saltimbanques, d'après G. Doré.......................	6	»
»	Le Lapin, d'après de Balleroy.........	3	»
»	Le Lièvre, d'après de Balleroy.,.......	3	»
»	Le Faisan, d'après de Balleroy........	3	»
»	La Perdrix, d'après de Balleroy	3	»
»	Tête de Supplicié, d'après Géricault....	4	»
»	Julie, d'après J. Gigoux..............	3	»
»	Édith, pendant du précédent, d'après J. Gigoux.......................	3	»
»	Les Bulles de Savon, d'après Chaplin...	6	»
»	Les Tourterelles, pendant du précédent d'après Chaplin....................	6	»
»	Les Gâte-Sauces, d'après Th. Ribot.....	4	»
J. Laurens........	Le Christ au Tombeau, d'après Eugène Delacroix......................	5	»
»	Plaisirs d'Été, d'après Diaz...........	8	»
»	Moine, d'après Cabanel...............	6	»

NOMS DES ARTISTES	DÉSIGNATION DES SUJETS	PRIX	
		F.	C.
J. Laurens........	Les Roseaux de Bouligny, d'après Rolland..............................	2	»
»	Vaches s'abreuvant dans un Ravin, d'après Rolland..................... ...	2	»
»	Le Lac, d'après Decamps.............	2	»
»	Un Janissaire, d'après Decamps........	2	»
»	La Sibylle de Fanzoust, d'après G. Doré.	2	»
»	Séduction, d'après Diaz...............	2	»
»	L'Amour désarmé, d'après Diaz........	2	»
E. Guillon........	Les Complices de John Brown.........	6	»
»	Sarah la Baigneuse, d'après Tassaert...	6	»
Soumy...........	Le Fuseau............................	3	»
»	Le Rouet, pendant du précédent........	3	»
Rélin............	Sorcières pendant une Nuit d'équinoxe.	2	»
Chifflart.........	En Faction (campagne d'Italie)........	2	»
Victor Adam.....	Chevaux (imprimés à la mine de plomb).	1	»
»	Chevaux Andaloux......	2	»
»	Amazones.............................	2	»
»	Attelages Russes.......................	2	»

GRAVURES AU BURIN ET AQUA-TEINTES

NOMS DES ARTISTES	DÉSIGNATION DES SUJETS	PRIX	
Garnier..........	Rosina, d'après O. Guet..............	5	»
»	Stella, pendant du précédent, d'après O. Guet..............................	5	»
Soumy...........	François Ier, d'après Le Titien........	15	»
A. Leroy..........	Croyez..............................	8	»
»	Espérez, pendant du précédent........	8	»
Laugier..........	La Vierge au Lapin blanc, d'après Le Titien.	30	»
Baudran..........	Histoire de la Vierge, d'après Jacquand..	2	»
Dubouchet........	La Délivrance de Saint Pierre.........	2	»

EAUX-FORTES

NOMS des ARTISTES	DÉSIGNATION DES SUJETS	PRIX de chaque Epreuve		PRIX de la collection	
		F.	C.	F.	C.
Chifflart.......	Improvisations sur cuivre, collection de 12 planches..........	2	»	20	»
»	La France Libératrice..........	2	»		
»	L'Affliction.....................	2	»		
Soumy.........	Othello et Desdemone, d'après Chifflart	4	»		
»	Hamlet et Ophélia, pendant du précédent, d'après Chifflart . . .	4	»		
»	La Morte, d'après Chifflart......	4	»		
Desbrosses.....	Bataille de Waterloo............	6	»		
Bracquemond..	Un Déterrage de Blaireau.......	5	»		
» ..	Paysage, d'après J. Laurens.....	3	»		
» ..	Un Soir.....................	2	»		
» ..	Panurge sortant de chez Rominagrobis (sujet tiré de Rabelais).	3	»		
» ..	Ils s'en allaient dodelinant de la tête (sujet tiré de Rabelais)...	3	»		
» ..	Les Canards l'ont bien passée....	3	»		
» ..	Perdrix.....................	3	»		
» ..	Sarcelles....................	3	»		
» ..	L'Étang aux Canards..........	2	»		
• ..	Le Miroir, d'après Chaplin......	3	»		
» ..	Le haut d'un battant de porte...	3	»		
» ..	Sujets divers.................	1	»		
L. Jacque......	Intérieurs de fermes et Animaux, collection de 12 planches......	1	»	10	»
Villevieille.....	Paysages, collection de 6 planches.	1	»	5	»
T. Ribot.......	Cuisiniers, collection de 6 pl.....	2	»	10	»
Chaigneau. ...	Paysages et Moutons, collection de 6 planches..............	2	»	10	»
De Boret.......	Un Concert rue de Vaugirard....	1	50	»	»
A. Gautier.....	Sujets divers, collection de 6 pl...	2	»	10	»

NOMS des ARTISTES	DÉSIGNATION DES SUJETS	PRIX de chaque Épreuve		PRIX de la collection	
		F.	C.	F.	C.
Hillemacher...	Figures et Paysages, collection de 27 planches....................	1	50	30	»
Mlle Mathieu...	Sujets divers, collection de 6 pl...	2	»	10	»
J. Jacquemart.	Fleurs, collection de 8 planches..	2	»	15	»
Chauvel.......	Paysages, collection de 12 pl.....	1	50	16	»
Penauille.....	Types parisiens, collection de 10 planches......................	»	75	6	»
Gaucherel.....	Costumes d'Italie, collection de 12 planches......................	2	»	20	»
Vre Lepic.......	Têtes de Chiens, collection de 8 planches......................	4	»	30	»
Hervier........	Sujets divers et Marines, collect. de 20 planches..............	1	50	20	»
Boilly.........	Sujets divers, collection de 6 pl..	2	»	10	»
M. Lalanne....	Paysages et Vues de Paris, collection de 12 planches.........	1	50	15	»
E. Dufeu.......	Vues d'Egypte, collection de 12 planches......................	1	50	15	»
Chaplin........	Sujets divers, collection de 12 planches......................	2	»	20	»
Martial........	Vieux Paris, collection de 100 pl.	1	50	100	»
Michelin.......	Paysages, collection de 16 planch.	1	50	15	»
Queyroy........	Types campagnards, collection de 12 planches..................	1	50	15	»
De Rochebrune	Vue de la Sainte-Chapelle de Champigny..................	12	»	»	»
Flameng.......	Sauvée...................	8		»	»
»	Sujets divers...................	1	»	»	»
»	Paris qui s'en va et Paris qui vient, collection de 26 planches.	1	»	20	»

TITRES DES PLANCHES

Frontispice. — La Californie. — Rue de la Vieille-Lanterne. — Le Cabaret de la Mère Marie. — Maison antique du Prince Napoléon. — Les Médaillés de Sainte-Hélène. — Ancien Pont-au-Change. — La Salpétrière. — Le Collége de Cluny. — Marché des Innocents. — Enceinte de Philippe-Auguste. — Le Prado. — La Flèche de Notre-Dame. — Marché aux Chevaux. — Couvent des Carmélites. — La Morgue. — Les Petites Sœurs des Pauvres. — Fontaine Saint-Michel. — Marché des Capucins. — Cèdre de Beaujon. — Le Journal le Sans le Sou. — Les Carmes Billettes. — Hôtel-Dieu. — Boulevard du Temple. — Copistes du Louvre. — Le Temple.

ALBUMS ET COLLECTIONS

NOMS des ARTISTES	TITRES des ALBUMS ET COLLECTIONS	PRIX en Feuilles		PRIX Relié	
		F.	C.	F.	C.
Martial.........	TRAITÉ D'EAU-FORTE				
	Ce traité donne à quiconque sait dessiner les procédés de la gravure à l'eau-forte avec l'exemple gravé en regard de l'explication.	5	»	»	»
L. Flameng....	PARIS QUI S'EN VA ET PARIS QUI VIENT				
	26 Eaux-Fortes avec un texte de MM. A. Houssaye, T. de Banville, A. Delvaux, Muller, Castagnary, Champfleury, etc.....	30	»	40	»
A. Queyroy.....	LE VIEUX BLOIS				
	20 Eaux-fortes, Rues et Maisons du vieux Blois, précédées d'une lettre de Victor Hugo.........	25	»	»	»
Eug. Delacroix.	ŒUVRE UNIQUE A L'EAU-FORTE				
	6 Eaux-fortes. — Sujets divers...	20	»	»	»
Gaucherel......	COSTUMES D'ITALIE				
	12 Eaux-fortes—Anciens Costumes Romains, d'après les peintures de Babauli................X...	»	»	25	»
Hervier........	ESSAIS				
	20 Eaux-fortes — Sujets divers et Marines	»	»	25	»
A. De Boret...	LA LÉGENDE DE MALBOROUGH				
	21 Eaux-fortes illustrant chacune un des Couplets de la chanson de *Malborough s'en va-t-en Guerre*	20	»	25	»
»	CENDRILLON				
	21 Eaux-fortes sur les Couplets de la Chansonnette Comique de *Cendrillon*	20	»	25	»
De Longueville	SUR TERRE ET SUR MER				
	12 planches (Marines et Paysages), gravées d'après nature........	15	»	20	»

NOMS des ARTISTES	TITRES des ALBUMS ET COLLECTIONS	PRIX en Feuilles		PRIX Relié	
Martial.........	ANCIEN PARIS 100 Eaux-fortes par volume, représentant les Rues, Maisons et Monuments célèbres de Paris, qui n'existent plus aujourd'hui. *2 volumes parus.*	100	»	125	»
»	SALON DE 1865 20 Eaux-fortes — Critique du Salon et reproduction à l'Eau-forte des principaux Tableaux de l'Exposition de 1865...........	20	»	26	»
M. Lalanne....	CHEZ VICTOR HUGO 12 Eaux-fortes avec Texte, Description de l'habitation de Victor Hugo à Guernesey.........	4	»	5	»
	TRAITÉ DE LA GRAVURE À L'EAU-FORTE Texte et gravures par MAXIME LALANNE. Broché, 5 fr.; relié, 6 fr.....................	5	»	6	»
»	LE BILLARD Par A. LALANNE, avec Eaux-fortes, par MAXIME LALANNE...				
	PRIX........ { *Avant la lettre*..	4	»	»	»
	{ *Avec la lettre*...	2	»	»	»
J. Jacquemart.	LES GEMMES ET JOYAUX DE LA COURONNE				
	1re PARTIE.... { *Avec la lettre*...	100	»	»	»
	{ *Avant la lettre*..	200	»	»	»
	Description par HENRY BARBET DE JOUY et reproduction à l'Eau-forte, à la grandeur des Originaux, par JULES JACQUEMART, des Vases, Coupes, Aiguières et autres objets exposés au Louvre, dans le Musée des Souverains et dans la Galerie d'Apollon....	»	»	»	»
	1re PARTIE parue.—30 Eaux-fortes et le Texte....................	»	»	»	»
	1re ET 2e SÉRIES Fac-simile des dessins d'Eug. Delacroix, par A. ROBAUT........	»	»	40	»
Constantin....	ALBUM ARTISTIQUE 15 Eaux-fortes — Paysages......	»	»	25	»

EAUX-FORTES DE CH. JACQUE

PUBLICATIONS DIVERSES	PRIX de chaque Epreuve	PRIX de la Collection
	F. C.	F. C.
ANCIENNES EAUX-FORTES		
Cette collection se compose de 48 feuilles, qui comprennent 69 sujets; elle se divise en deux séries de 24 feuilles chacune, et est contenue dans deux portefeuilles..............................	» »	70 »
EN COURS DE PUBLICATION		
Une série de 24 planches par année — Paysages, Intérieurs et Animaux.............................	» »	» »
1re *Année Complète* 1864.....................	3 »	36 »
2e *Année Complète* 1865.....................	» »	36 »
Un abonnement d'un an à l'année en cours de publication 1866 donne droit à une magnifique Eau-forte de Ch. Jacque, donnée en prime à chacun des souscripteurs. L'année 1866 terminée sera, comme les publications de 1864 et 1865, portée à 36 fr., au lieu de 30 fr.		
SUJETS PITTORESQUES		
Gravés à l'Eau-forte, par Léon Jacque, d'après les Tableaux et Compositions de Charles Jacque et sous sa direction, paraissant par séries de 6 feuilles	1 50	8 »

EAUX-FORTES DE TH. VALERIO

DÉSIGNATION DES SUJETS	PRIX DE CHAQUE ÉPREUVE	
	Sur papier blanc	Sur papier de Chine
	F. C.	F. C.
Souvenirs de la Monarchie Autrichienne. 30 planc.	5 »	7 »
Croatie, Slavonie, Frontières Militaires. 8 —	5 »	7 »
La Dalmatie...................... 6 —	5 »	7 »
Les Popolat. des Provinces Danubiennes. 20 —	5 »	7 »
Le Montenegro.................... 12 —	5 »	7 »
Souvenirs de Hongrie.................. 2 gr. pl.	1.5 »	20 »

EAUX-FORTES MODERNES

PUBLICATION ARTISTIQUE D'ŒUVRES ORIGINALES

PAR

LA SOCIÉTÉ DES AQUA-FORTISTES

Cette Publication paraît à raison de **61** Eaux-Fortes originales par année, tirées sur Papier vergé, d'un format de **0.55** centimètres sur **0.35**. Elles seront distribuées aux Souscripteurs à raison de **5** Épreuves par mois, renfermées dans une Couverture.

CONDITIONS DE LA SOUSCRIPTION

PARIS		DÉPARTEMENTS	
Un An................	**50** fr.	Un An................	**55** fr.
Six Mois.............	**25** fr.	Six Mois.............	**28** fr.

Prix de chaque Épreuve séparée.... .... **1 fr. 50**

Edition de luxe, avant la lettre, chaque année........... **100 fr.** »

EN VENTE

1re Année **1863, 61** Eaux-Fortes, en Feuilles..	**50** fr.	Reliée..	**60** fr.		
2me — 1864	—	—	.. —	—	.. —
3me — 1865	—	—	.. —	—	.. —
4me — 1866	—	—	.. En Cours de publication		

<table>
<tr><td colspan="3" align="center">FRONTISPICE
par
J. JACQUEMART</td><td align="center">Ire Année</td><td align="center">INTRODUCTION
par
TH. GAUTIER</td></tr>
</table>

N^{os}	NOMS DES ARTISTES	DÉSIGNATION DES SUJETS
1	**Bracquemond**	L'Inconnu.
2	**Daubigny**	Parc à Moutons (le matin).
3	**Legros**	Le Réfectoire.
4	**Manet**	Les Gitanos.
5	**Ribot**	La Prière.
6	**De Balleroy**	La Curée d'un Lapin.
7	**Brendel**	Une Bergerie.
8	**J. Jacquemart**	Souvenirs de Voyage.
9	**Jongkind**	Vue de la Ville de Maaslins (Hollande).
10	**Gassies**	Le Forgeron.
11	**Allard-Cambray**	Louis XI à Péronne.
12	**Jules Hereau**	Les Moutons de Claudine.
13	**Jules Laurens**	Canards sauvages.
14	**Jules Michelin**	Rivière d'Yères.
15	**Maxime Lalanne**	Rue des Marmousets.
16	**Mme F. O'Connel**	Un Chevalier Louis XIII.
17	**Queyroy**	Menhirs de Menech
18	**S. Haden**	Vue de la Tamise.
19	**Desbrosses**	La Mare aux Grenouilles.
20	**Chauvel**	Passage de la Ternoise.
21	**Constantin**	Fantaisie.
22	**Hervier**	Une Barque à Marée basse.
23	**Leconte de Roujou**	Une Rue à Sienne (Italie).
24	**Leo-Drouyn**	Étang de la Canau (Gironde).
25	**Ribot**	Les Éplucheurs.
26	**Bracquemond**	Vanneaux et Sarcelles.
27	**Vte Leple**	Pour les Pauvres.
28	**Moyse**	Chartreux jouant du Violoncelle (Salon de 1853).
29	**D. Frère**	A l'École.
30	**Dufeu**	Une Rue au Caire (Égypte).

N^{os}	NOMS DES ARTISTES	DÉSIGNATION DES SUJETS
31	**Abraham**..........	Bords de l'Oudon.
32	**Vernier**............	Rue Saint-Nicolas (Blois).
33	**Von Heyden**.......	Juifs Polonais.
34	**J. Jacquemart**....	L'Écureuil et la Mouche.
35	**Lombart**..........	Le Borriquero (Espagne).
36	**Darjou**............	Les Lapins vengés.
37	**Moyse**.............	Discussion Théologique.
38	**Corot**.............	Souvenir d'Italie.
39	**Maxime Lalanne**.:	Démolitions pour le percement du Boulevard Saint-Germain.
40	**Dansaert**.........	La rentrée du Pierrot.
41	**Chauvel**.........	Solitude.
42	**Noterman**........	Les Plaideurs.
43	**Appian**...........	Chemin des Roches à Gorge-au-Loup.
44	**Veyrassat**........	Le Père Malice.
45	**Legros**...........	Le Manége.
46	**Otto-Weber**.......	Le Soir au Village.
47	**Léon Gaucherel**...	Dolmen de Locmariaker (Bretagne).
48	**Feyen-Perrin**.....	Épisode des premières guerres (Salon de 1863).
49	**Chaigneau**........	Moutons en plaine (Salon de 1863).
50	**De Balleroy**.......	Le Débuché.
51	**Jules Laurens**.....	Sous les murs de Teheran (Perse).
52	**Abraham**..........	Étang de Fayelles (Bretagne).
53	**Otto-Weber**.......	Souvenir de Normandie.
54	**Queyroy**..........	Dans les Landes.
55	**Feyen-Perrin**......	Ronde Antique (Salon de 1863).
56	**Brendel**..........	Le Berger et la Mer.
57	**Chifflart**.........	Salvator Rosa et les Brigands.
58	**Bibot**............	Le Mets brûlé (Salon de 1863).
59	**Léon Gaucherel**...	Étretat (Normandie).
60	**Maxime Lalanne**..	Aux environs de Paris.

FRONTISPICE par **JULES LAURENS**	**2me Année**	INTRODUCTION par **JULES JANIN**

N^{os}	NOMS DES ARTISTES	DÉSIGNATION DES SUJETS
61	**Dupray**......... ...	Brigadier, vous avez raison(Salon de 1863).
62	**Feyen-Perrin**......	La Barque à Caron. (Salon de 1857).
63	**Paul Huet**.........	Près de Fontainebleau.
64	**J. Jacquemart**....	Plantes.
65	**Cuisin**............	Porte d'Amsterdam à Harlem.
66	**Martial**..........	Le Canal Saint-Martin.
67	**Manet**............	Lola de Valence.
68	**Ribot**............	Un Contrebandier.
69	**Longueville**.......	Une rue à Beyrouth (Syrie).
70	**Valentin**..........	Un Ouvrier de Sèvres.
71	**Dujarric**.........	Nouvelle Conciergerie (Palais-de-Justice).
72	**L. Jacque**........	Le Moulin de Galette (Montmartre).
73	**Michelin**..........	Près du Pont de Crosne.
74	**Queyroy**..........	Rue des Arènes (Bourges).
75	**Saint-Étienne**.....	Forêt de Fontainebleau.
76	**Pastelot**..........	Les Sorcières.
77	**Bachiloff**.........	Un paysan Russe.
78	**Un Anonyme**.......	En Auvergne.
79	**J. Hereau**.........	Le Maréchal-ferrant.
80	**De Dananche**......	Sous-Bois.
81	**Feyen-Perrin**.... .	Mort d'Armar.
82	**Veyrassat**.........	Un Maréchal à Moret.
83	**Moyse**............	Un Philosophe.
84	**Otto-Weber**.......	Pardon Breton.
85	**Jongkind**.........	Entrée du Port de Honfleur.
86	**Abraham**..........	Environs de Château-Gontier.
87	**Villevieille**........	En Picardie.
88	**Coué**.............	Rue Saint-Yves à Rennes, en 1857.
89	**Chaplin**...........	La Chasse (Salle de bain de S. M. l'Impératrice).
90	**L. Jacque**.........	Chasse aux Canards.

Nᵒˢ	NOMS DES ARTISTES	DÉSIGNATION DES SUJETS
91	**Chaigneau**	Le petit Troupeau.
92	**Gabriel.**	En Provence.
93	**J. Laurens**	Sommets d'Auvergne.
94	**Longueville**	Croquis d'Orient.
95	**A. de Boret**	Camp de Chalons (Retraite aux flambeaux).
96	**Chauvel**	La Grenouille et le Bœuf.
97	**Bracquemond**	La Mort de Matamore.
98	**Cham**	Une promenade à Pékin.
99	**Ribot**	A. Cadart (Fondateur de la Société des Aqua-Fortistes).
100	**Appian**	Souvenirs.
101	**Mlle Mathieu**	Cour de ferme à Marzy (Nièvre).
102	**A. de Boret**	Chevaux de Poste.
103	**Ségé**	Dans les Abruzzes.
104	**Chaigneau**	Femme gardant des Moutons.
105	**Constantin**	Les Laveuses.
106	**Bracquemond**	Sarcelles.
107	**Berthelemy**	Bateaux pêcheurs de Fécamp.
108	**Léon**	Vue de Pélicane (Provence).
109	**Maxime Lalanne**	A Neuilly (Seine).
110	**Queyroy**	Chanteurs de Noël (Bourbonnais).
111	**Carolus**	Site en Norwége.
112	**Cottin**	Basse-Cour.
113	**Noterman**	Le Singe Savetier.
114	**Saint-Étienne**	Étude en Languedoc.
115	**Penauille**	Un Bal public (barrière Montparnasse).
116	**Appian**	L'Étang neuf, près de Creys (Isère).
117	**Longueville**	Combat naval (l'*Alabama* et le *Kersage*).
118	**Hervier**	Petit Canot de Saint-Valery (Somme).
119	**Zaleski**	Partie du Colysée à Rome.
120	**Valerio**	Bachi-Bozoucq. (Souvenir de Silistrie, 1854).

<table>
<tr><td colspan="3">FRONTISPICE par BRACQUEMOND   3me Année   INTRODUCTION par M. W. BURGER</td></tr>
</table>

N^{os}	NOMS DES ARTISTES	DÉSIGNATION DES SUJETS
121	Berthelemy	Entrée du port de Courseulles.
122	Edwards	Parc à Richmond (Angleterre).
123	Maxime Lalanne	Cusset (près de Vichy).
134	Martial	Siége de la Société des Aqua-Fortistes.
125	Mlle Mathieu	Les vieux Ormes du Champ-du-Puits, à Marzy.
126	Gabriel	La Petite-Venise (Provence).
127	Leo Drouyn	Habitation dans les Landes.
128	Longueville	Escadre d'évolutions.
129	Ridley	A Chelsea, près Londres.
130	Stop	Un Marché Italien.
131	Bracquemond	L'Hiver.
132	Dufeu	Bords du Nil.
133	Lanson	Dans les Pyrénées.
134	A. Gautier	Le Travail.
135	Chaplin	Les Colombes.
136	J. Jacquemart	La Ville et la Campagne.
137	Ulm	Brandt découvrant le Phosphore.
138	Taïée	Le vieux Pont de Vernon (Eure).
139	Ribot	L'Aide de Cuisine.
140	Chifflart	L'Affliction.
141	Legros	Le Lutrin.
142	Fantin	Un Morceau de Schumann.
143	Jongkind	Sortie du Port de Honfleur.
144	De Balleroy	Le Cerf à l'eau.
145	Combes	Au Village.
146	S. M. Dom Fernando (roi de Portugal)	La Mort du Chat Murr.
147	Chauvel	A Fleury (Seine-et-Marne).
148	Roybet	En Retard pour la Fête.
149	Besnus	La Mare au Drac (Champagne).

Nᵒˢ	NOMS DES ARTISTES	DÉSIGNATION DES OBJETS
150	**Carlos-Haes**	Un Mirador (Elche).
151	**L. Jacque**	Intérieur de Ferme.
152	**Charnay**	Bords du Sornin (Loire).
153	**J. Laurens**	Pies sous bois.
154	**Zaleski**	Le Tombeau de Chateaubriand.
155	**Gaucherel**	Nature Morte.
156	**Ponthus-Cinier**	Campagne de Rome.
157	**Melin**	Une Embuscade au XVIᵉ siècle.
158	**Chaplin**	Le Dain.
159	**Ulm**	*Puer Expositus.*
160	**De Cock**	Vue de Longueville (Seine-Inférieure).
161	**Daubigny**	Les Vendanges.
162	**Moyse**	La Répétition.
163	**Lalanne,**	Vue prise du Pont Saint-Michel.
164	**A. Cadart**	Chambre des Députés.
165	**Ségé**	Marais de Lobanche (Pas-de-Calais).
166	**Guérard**	Baiser d'une Mère.
167	**Delâtre**	Le Matin.
168	**Dufeu**	Rue Souk-el-Selah, au Caire (Égypte).
169	**Otto-Weber**	En Écosse
170	**Duseigneur**	Dans la Rue.
171	**Eug. Delacroix**	Juive d'Alger.
172	**Feyen-Perrin**	Le Guitariste.
173	**Appian,**	Environs de Rix (Ain).
174	**Borroméo**	Environs de Bergame.
175	**Queyroy**	Rue du Rivage, à Nevers.
176	**Meryon**	Ministère de la Marine (Fictions et Vœux).
177	**Bracquemond**	Le haut d'un battant de Porte.
178	**J. Laurens**	Un coin de Cuisine.
179	**Abraham**	Un Sentier (Salon de 1865).
180	**Martial**	Ancien Boulevard extérieur de Paris.

4ME ANNÉE

EN COURS DE PUBLICATION

1866   # ALMANACH   1866

DE LA

SOCIÉTÉ DES AQUA-FORTISTES

ILLUSTRÉ PAR A. DE BORET ET ULM

Relié... 5 fr.

Édition de Luxe..................................... 6 fr.

CARTES DE MENUS

COLLECTION DE 30 SUJETS DIVERS POUR MENUS

Chaque Carte....................................... 0 fr. 50

La Douzaine.. 4 fr. »

MEMBRES ACTUELS

DE LA

SOCIÉTÉ DES AQUA-FORTISTES

—◦◦—

MM.

S. M. DOM FERNANDO, roi de Portugal.

S. M. le roi de Suède et de Norwége.

Son A. Impériale Madame la Princesse MATHILDE.

Madame O'CONNELL

AIGUIER.

ALLARD-CAMBRAY.

ABRAHAM.

APPIAN.

AUFRAY.

AUSSANDON.

BALLEROY (De).

BACHILOFF.

BERTAL.

BARTHÉLEMY.

BESNUS.

BEYLE.

BONVIN.

BOUCOIRAN.

BOUDIN.

BOULANGER.

BORET (De).

BORROMÈO (Comte).

BRACQUEMOND.

BRUNET-DEBAINES.

MM.

BRENDEL.

BREST.

BRIGUIBOUL.

BRÊME (Marquis de).

CADART.

CHARNAY.

CHAPLIN.

CHAIGNEAU.

CHIFFLART.

CLAYS.

CLÉMENT.

COLLE (Mlle Madeleine).

COELZ (De).

COMBES.

COURDOUAN.

CORDIER.

COROT.

COURBET.

CHAUVEL.

CUISIN.

CHAM.

COLLETTE.

CONSTANTIN.

COTTIN.

DANSAERT.

DANANCHE (De).

DAUGUIN.

MM.

DAUBIGNY.
DAUMIER.
DESBROSSES.
DORÉ (Gustave).
DE PENNE.
DARJOU.
DUBOIS.
DUFEU.
DELATRE.
DUSEIGNEUR.
DUJARRIC.
DUPRAY.
DE LA FIZELIÈRE (Albert).
EDWARDS.
FANTIN.
FAUVEL.
FEYEN-PERRIN.
FLAMENG.
FRÈRE (Edouard).
GABRIEL.
GAVARNI.
GASSIES.
GONCOURT (MM. De).
GAUCHEREL.
GAUTIER (A.).
GÉROME.
GIGOUX.
GUÈRARD.
GUDIN.
GUÈS.
GUIGOU.
HADEN.
HAES (Carlos).
HEYDEN (De).
HENRIET (D').
BÉDOUIN.

MM.

HERVIER.
HÈREAU (Jules).
HUET (Paul).
JARRUFFINI.
JACQUE (L.).
JACQUEMART.
JEANRON.
JIMENEZ.
JONGKIND.
LASSERRE.
LANSON.
LANDRIN.
LAINÉ.
LONGUEVILLE (Baron de).
LAGIER.
LALANNE (Maxime).
LAPOSTOLET.
LEO-DROUYN.
LEPIC (Vicomte).
LAURENS (Jules).
LECONTE DE ROUJOU.
LEGROS.
LOMBART.
LAVIEILLE.
LUCY.
LEPÈRE (François).
MANET.
MATHIEU (Mlle A.).
MAZAS.
MEYRION.
MOYSE.
MARTIAL.
MICHELIN.
NOTERMAN.
OTTO-WEBER.
PONTHUS-CINIER.

MM.	MM.
PREVOST.	SELLIER.
PUVIS DE CHAVANNES.	SMITZ.
PASTELOT.	SEVERAC (MM. de).
PISSARO.	SAIN (Ed.).
PRADELLES.	St-ÉTIENNE.
PROTAIS.	St-MARCEL.
QUEYROY.	SÉGÉ.
RAVE.	STOP.
RELIN.	TAIÉE.
ROYBET.	ULM.
ROELOFS.	VALERIO.
ROPS (Félicien).	VALENTIN.
ROZIER.	VANDERHECT.
REYNIER.	VERNIER.
RÉNÉ MÉNARD.	WERWÉE (Alfred).
RIBOT.	VEYRASSAT.
RIDLEY.	ZALESKI.
ROUSSEAU.	ZIEM.
ROCHENOIRE (De la).	WHISTLER.
STEVENS.	

OUTILLAGE ET ACCESSOIRES

POUR

LA GRAVURE A L'EAU-FORTE

ARTICLES	PRIX fr.	c.	ARTICLES	PRIX fr.	c.
Etau à main, petit	4	»	Papier Emeri 00, la feuille	»	15
Etau à main, fort	4	50	Vernis noir, la boule	1	»
Brunissoir, petit	2	50	Vernis blanc, la boule	1	»
Brunissoir, fort	3	»	Petit vernis, le flacon	1	»
Grattoir, grand	5	»	Teinte au soufre, le flacon	»	75
Grattoir, moyen	4	50	Vernis au pinceau, le flacon	1	25
Burin	1	»	Cire à border, le bâton	1	»
Roulette	3	»	Flambeau pour noircir	1	»
Pointe sèche ordinaire	1	»	Tampon de soie	1	»
Pointe sèche avec liége	1	50	Papier Sanguine, la feuille	»	40
Pointe-Crayon	1	50	Papier à décalquer, la feuille	»	40
Manche à burin, 1re grandeur	2	»	Pierre à aiguiser	1	»
Manche à burin, 2e grandeur	1	75	Loupe	5	»
Cuvette en Gutta-Percha, 28.38	10	»	Acide Nitrique pur, le kilo	1	50
Cuvette en Gutta-Percha, 23.30	5	»	Rouleau pour revernir	25	»
Entonnoir en Gutta-Percha	1	25	Cuivre 16 sur 12	2	25
Porte-Pointes à vis	3	»	Cuivre 24 sur 16	4	»
Doigtiers en caoutchouc	»	30	Cuivre 24 sur 32	8	»
Couvre-Bouchons en caoutch.	»	25	Cuivre Carte de Visite	1	50

BOITE COMPLÈTE

POUR

LA GRAVURE A L'EAU-FORTE

Ordinaire...................... **60 francs**

De luxe...................... **100 francs**

ARTICLES

DE

PEINTURE ET DE DESSIN

COULEURS A L'HUILE ET A L'AQUARELLE, PINCEAUX,
TOILES, CRAYONS, ETC.

Pour paraître à partir du 5 avril 1866

LETTRES MANUSCRITES

SUR

L'ART, LES ARTISTES ET LES ŒUVRES MODERNES

REVUE DES BEAUX - ARTS

50 PAGES PAR AN — 4 CHAQUE MOIS

TEXTE ET DESSINS PAR A. MARTIAL

PRIX DE LA SOUSCRIPTION

UN AN, **50** FR. SIX MOIS, **25** FR. TROIS MOIS, **15** FR.

Une Livraison, **5** *fr.*

Il sera fait un Tirage exceptionnel de 50 Exemplaires
avant la lettre, sur Parchemin

PRIX : 100 FRANCS

Anc. Mon BÉNARD. — Imp. SERINGE frères, place du Caire, 2.

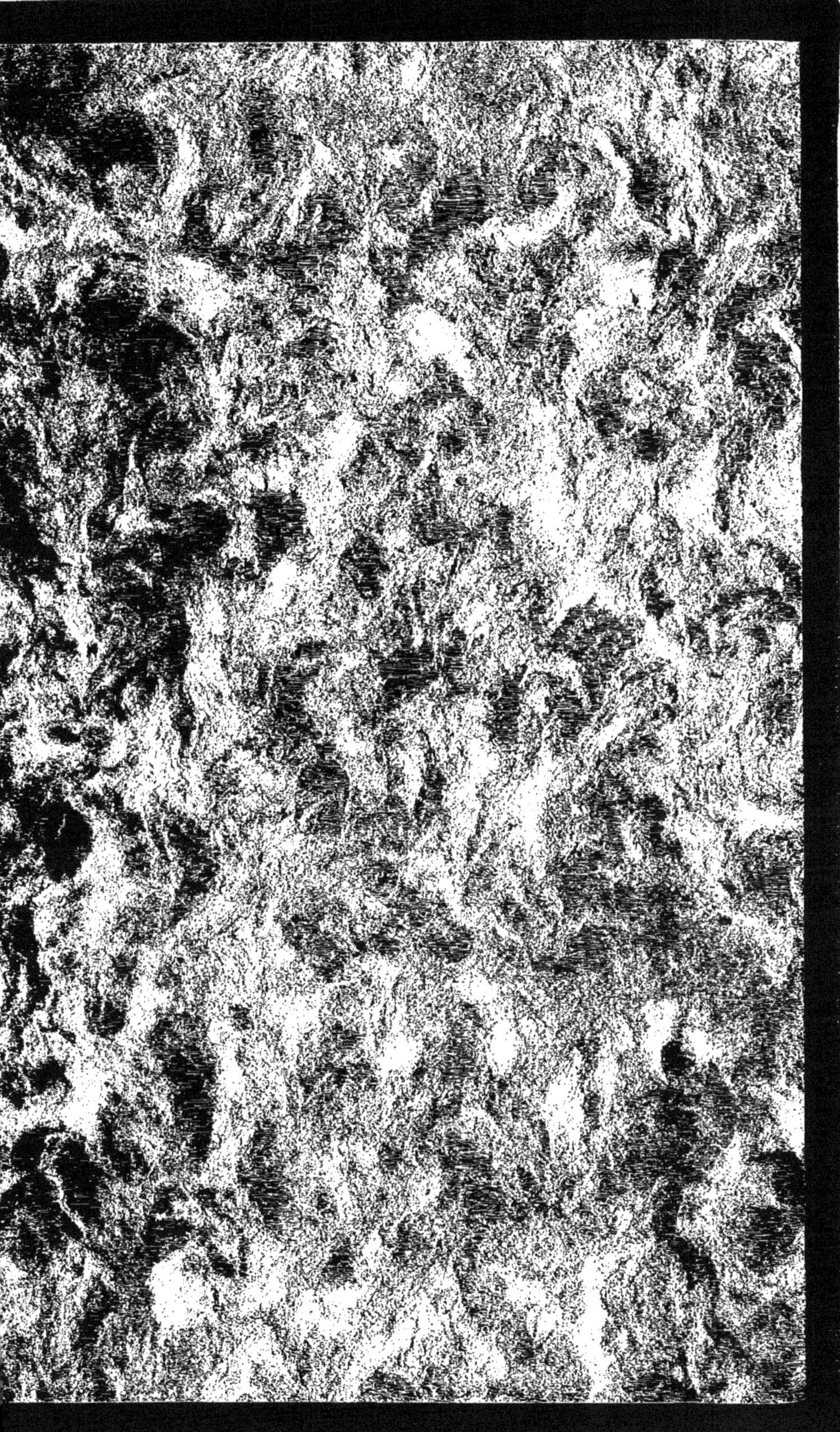

BIBLIOTHEQUE NATIONALE DE FRANCE
3 7502 01663595 7

www.ingramcontent.com/pod-product-compliance
Ingram Content Group UK Ltd.
Pitfield, Milton Keynes, MK11 3LW, UK
UKHW020201130726

13696UKWH00002B/642